Sybil Gräfin Schönfeldt
Kinder brauchen Großmütter

Zu diesem Buch

Großmütter (und Großväter!) haben bekanntlich alles, was Eltern nicht haben: Zeit, Muße, tröstende Worte, Phantasie und jede Menge Geschichten und Geschenke, die es nicht überall zu kaufen gibt. Kinder brauchen heute mehr denn je die ältere Generation. Sie brauchen auch Menschen, die von einer anderen Zeit und einer anderen Welt erzählen können. Jedes Kind ist begeistert, wenn eine Geschichte mit dem Satz beginnt: »Als dein Papi so klein war wie du ...« Sybil Gräfin Schönfeldt gibt in diesem Buch ein höchst persönliches und lebendiges Plädoyer für die Großeltern. Denn was ein Kind von einer Großmutter und/oder einem Großvater bekommen kann, können niemals die Eltern geben.

Sybil Gräfin Schönfeldt gehört der Generation der Großmütter an, erlebte den Krieg als Heranwachsende und die Nachkriegszeit als Studentin der Germanistik und Kunstgeschichte, 1951 Promotion. Sie heiratete 1957 und bekam zwei Söhne. Zahlreiche Bücher für Kinder und Erwachsene, viele Preise. Sie lebt als freie Journalistin für Zeitungen, Zeitschriften, Funk und Fernsehen in Hamburg.

Sybil Gräfin Schönfeldt
Kinder brauchen Großmütter

Piper München Zürich

Von Sybil Gräfin Schönfeldt liegen in der Serie Piper vor:
Kinder brauchen Großmütter (2127, 6151)
Die Jahre, die uns bleiben (2833)
Zauber der Weihnachtszeit (4501)
Wenn wir uns mitten im Leben meinen (4578)

Ungekürzte Taschenbuchausgabe
Piper Verlag GmbH, München
1. Auflage August 1996
7. Auflage Juli 2005
© 1994 F. A. Herbig Verlagsbuchhandlung GmbH,
München
unter dem Titel: »Glückliche Kinder brauchen Großmütter«
Umschlag/Bildredaktion: Büro Hamburg
Isabel Bünermann, Julia Martinez, Charlotte Wippermann
Foto Umschlagvorderseite: gettyimages/Stone
Foto Umschlagrückseite: Gisela Floto
Satz: Filmsatz Schröter GmbH, München
Papier: Munken Print von Arctic Paper Munkedals AB, Schweden
Druck und Bindung: Clausen & Bosse, Leck
Printed in Germany
ISBN-13: 978-3-492-22127-6
ISBN-10: 3-492-22127-0

www.piper.de

Inhalt

1. KAPITEL

Der Anfang und die Liebe

Ein Kind. Ein Enkelkind. Noch einmal ein Leben von Anfang an verfolgen können. Noch einmal dieser fast vergessene Geruch nach Milch und Babypuder, noch einmal das federleichte Gewicht im Arm und das Staunen über die Kraft, mit der die winzigen Finger zupacken können. Noch einmal das Lächeln aus noch milchig überhauchten Augen, und es ist vollkommen gleichgültig, was die Kinderpsychologen über die Sehfähigkeit von Neugeborenen sagen. »Es hat mich erkannt! Es lächelt mir zu, es kennt doch seine Großmutter, nicht wahr?«

Welch eine Freude. Und welch ein Glück, wenn einen die Kinder an dieser Freude am Enkelkind teilnehmen lassen, denn das ist nicht selbstverständlich. Manche wollen beweisen, daß sie es alleine schaffen, daß sie keine Hilfe brauchen und auch keine haben wollen. »Red uns nicht rein, Mutter! Du hast mich erzogen, aber nun will ich es endlich alles selber machen.« Das muß man schlucken und erst einmal abwarten. Denn das ist der große Vorteil der Großeltern: Sie erleben alles zum zweiten Mal, und sie wissen, wie sich manches ganz von selber löst. Die Zeit verändert viel, und Geduld und Schweigen können belohnt werden. Im übrigen zahlt sich nichts so sehr aus wie ein Gespräch zwischen Eltern und Kindern über das Enkelkind. Was erwartet der eine vom anderen? Was ist Freude und was wäre Last?

Denn junge Leute können sich kaum vorstellen, daß das Alter den Eltern mehr als die Haarfarbe verändert. Alter macht einem jedoch nicht nur die Glieder steif und den Schritt unsicher, Alter macht ganz einfach müde. Man braucht seine Ruhe, der eine den Mittagsschlaf, der andere den längeren Schlaf am Vormittag. Kleine Kinder aber sind anstrengend, und wenn die junge Mutter die eigene Mutter oder die Schwiegermutter kurzerhand als Oma fürs Grobe oder Tagesmutter beansprucht, so kann das eine ahnungslose Überforderung sein, die man ebenso vermeiden sollte, wie sich der Sohn das Reinreden seiner Mutter verbat.

Es ist eine Binsenweisheit, aber ein Enkelkind hat nur etwas von seinen Großeltern, wenn keiner mehr geben muß, als er zu geben vermag. Und selbst in diesen Grenzen ist das noch unendlich viel. Als ich vor Jahren ein Buch über Kinder schrieb, fragte ich unseren Hausarzt, was er, der doch viele Familien kannte, für das Wichtigste im Leben mit

Kindern hielte. Er antwortete, ohne lange überlegen zu müssen: »Die Liebe. Schreiben Sie, daß man Liebe durch nichts ersetzen kann, durch keine Sachen und keinen Luxus und keinen Psychologen und kein Geld. Schreiben Sie, daß ich weniger zu tun hätte und weniger Pillen verschreiben müßte, wenn die Eltern ihren Kindern wirklich Liebe gäben.«

Je älter ich geworden bin, desto öfter habe ich an diese Sätze gedacht. Verstehe ich sie besser, weil ich in die Generation der Großeltern aufgerückt bin, oder passen sie besser in unsere Zeit, weil die Kinder – unsere Enkel – noch weniger Liebe erhalten als vor zwanzig Jahren? Oder nur Affenliebe, die sie mit tausend Fäden fesselt? Oder eine, die keinen Ort hat, weil Vater und Mutter noch nicht wissen, was sie wollen und wer sie sind und was eine Scheidung für Kinder bedeuten kann, auch für solche, »die schon so groß sind, daß sie mich verstehen müßten!«?

Wissen Großeltern, den Stürmen des Lebens schon ferner und nicht mehr so behelligt von den Tücken des Geschlechts, besser als Eltern, was Liebe ist? Sie haben erfahren, daß das Geliebte kein Besitztum ist. Und daß zu jeder Liebe auch die Kraft gehört, das Geliebte nicht zu halten. Lieben und lassen, das fällt vielleicht leichter, wenn man spürt, daß das Leben ohnehin weitergeht, ob man sich sträubt oder nicht. Ein Kind lieben, ohne dafür

Dank oder Gegenliebe zu erwarten — und merkwürdig, wer so liebt, erhält meist eine tiefere und fröhlichere Gegenliebe vom Enkelkind als derjenige, der Kisten voll teurer Geschenke vom Spielzeugladen an die Adresse des Enkels schicken läßt.

Lieben ist nicht leicht, und jede Großmutter ist auch eine Mutter. Es wird immer wieder viel über die Beziehung zwischen Mutter und Tochter geschrieben, auch über den uneingestandenen Haß der einen auf die andere, über die lebenslange Fessel, mit der die Ältere die Junge an der langen Leine hält und nur zu zupfen braucht, schon muß die Tochter springen. Das gibt es, und man sieht erstens, wie Frauen darunter leiden und zweitens, wie schwer es ihnen fällt, sich aus dieser imaginären Falle zu befreien.

Manche Großmütter setzen nun dieses Spiel in der nächsten Generation fort, verhängnisvoll für den Enkel, der gar nicht als Individuum empfangen und betrachtet wird, sondern nur als Kind seiner Mutter. Sein Leben ist für die Großmutter eine Fortsetzung des Lebens von Mutter oder Vater. Was der Großmutter bei ihren eigenen Kindern nicht gelang, soll nun in den Enkeln verwirklicht werden: Gehorsam, Erfolg, Schönheit, unkritische Liebe — was immer. Das ist schrecklich. Auch schrecklich für die Eltern. Können sie auf Einsicht hoffen? Müssen sie Rücksicht nehmen auf die alte Frau? Oder muß man das Kind retten? »Red mir nicht rein, Mutter.« So sieht es von der anderen Seite betrachtet aus, und es kommt ganz auf die Großmutter an, ob dieser Satz immer wieder wiederholt werden wird oder nicht.

Wenn Großmütter mit Empörung reagieren, steht der Fall nicht gut. Was hat denn ihre Tochter oder ihren Sohn dazu gebracht, so kraß zu reagieren? Irgend etwas stimmte nicht, und das war kein Problem von Recht und Unrecht, sondern von Gefühlen und Empfindungen, von Eifersucht und Egoismus, also viel schwieriger zu lösen. Wie kommt der Mensch zur Einsicht? Distanz von der Quelle der Unruhe hilft viel. Wem es gelingt, sich selbst ohne Ausflüchte zu betrachten, der muß sich nicht ändern (wer kann das schon?), sondern könnte sich anders verhalten.

Und vielleicht hilft auch das Enkelkind. Lohnt es sich nicht, für dieses kleine Wesen dieses zu lassen und jenes meinetwegen herunterzuschlucken? Kinder kitten keine Ehe, und Enkel heilen keine Wunden, aber vielleicht gelingt es einer Großmutter, den Teufelskreis zu verlassen, wenn sie das Enkelkind sieht und nun unwillkürlich denkt: »Wie lange noch? Wie lange ist es mir noch vergönnt, dieses Kind mitzuerleben, mich an diesem Kinde zu erfreuen? Was ist der ewige Streit mit meiner Tochter oder meinem Sohn im Vergleich zu dieser Wonne?«

Lieben und schweigen. Lieben und lassen. Mal

sehen, was daraus wird. Es ist ja jetzt ein drittes im Spiel, das Enkelkind, und wenn man die Steine vorsichtig setzt, muß man sich nicht einmal auf das Glück des Würfels verlassen. Das Spiel kann endlich einen ganz anderen Ausgang nehmen.

2. Kapitel

Immer ist die Mutter schuld

Wenn man sich mit Erziehungsliteratur beschäftigt, können einem immer wieder die Mütter leid tun. Was auch schiefläuft, wie sich das Kind zum Nasenbohrer oder Bombenbastler, zum Vatermörder oder Homosexuellen entwickelt: immer ist die Mutter die erste und einzige Ursache. Zu viel Liebe. Keine Liebe. Falsche Liebe. Ihre Scheidung. Ihres Freundes Gewalttätigkeit. Die zu kleine Wohnung und Familie. Die zu luxuriöse Wohnung und Familie – es gibt keinen Ausweg für uns Mütter, und wenn die Väter auch oft als Nebentäter miterwähnt werden, so liegt die volle Last aller antiken Tragödien auf den Schultern der Mutter. Und dadurch natürlich auch bei der Großmutter, weil diese auch einmal jene war und nun eigentlich die doppelte Last zu tragen hat.

Ist das übertrieben? Natürlich, denn nur wenn man die Argumentation über das Fachliche hinaus treibt, in die Ebene des Familienalltags, zeigt sich ihre Absurdität. In Wirklichkeit besteht ja die ganze

Menschheit aus Vätern und Müttern, aus Lieben-
den und solchen, die sich vergeblich nach Liebe
sehnen. Und unser Dasein ist der Versuch, sich
trotz dieses Irrenhauses zu behaupten und nicht aus
der Fassung bringen zu lassen. Eben das kann man
gar nicht früh genug zu üben beginnen.

Wer aber sind die ersten Fremdlinge, mit denen das
Kind zurechtkommen muß? Vater und Mutter und
Geschwister und Großeltern. Müssen sie Idealfiguren werden, seelisch ausgeglichen, gerecht und
weise bis in die Fingerspitzen, weil sich plötzlich ein
Neugeborenes zu ihnen gesellt? Also – wenn sie es
bisher nicht geschafft haben, wieso ausgerechnet
jetzt, wo durch den Zuwachs die alte, vielleicht
gerade mühsam erworbene Harmonie wieder in
Frage gestellt worden ist? Nein, mit Idealfiguren
kann kein Kind rechnen, und das wäre ja auch
fürchterlich. Denn man stelle sich vor, ein Kind
wüchse wirklich wie unter den Fittichen lauter
Schutzengel heran, mild und gut und unendlich
gerecht geleitet und so weiter. Dann wird das arme
Milchgesicht sechs Jahre alt und kommt aus einem
Elfenbeinturm direkt in die Schule. Katastrophe!

Zurück also in die alltägliche Kinderstube mit einer
Mutter, die manchmal grundlos zetert und manchmal kopflos küßt; mit einem Vater, der die Milch
überkochen läßt und die falschen Socken kauft und
das große Einmaleins ohne Stocken aufsagen
kann; mit einem Grummelopa, der schwerhörig ist

und weiß, wo man die beste Schokolade kaufen kann; und einer Omi, die immer eine Tasche mit Bilderbüchern anschleppt und zu jedem Unsinn bereit ist, aber so vergeßlich, daß sie nichts behält, was sie einem versprochen hat. Vergessen wir nicht den großen Bruder, der heimlich kneift, wenn er meint, daß keiner guckt; die Spielkameradin, die einem die Puppe kaputtmacht und frech behauptet, sie hätte es nicht getan; weiter die Tagesmutter, von der man das Wort Scheiße lernt und Haferkekse backen; die Nachbarin, die nicht mag, wenn man im Stiegenhaus singt; den Postboten, der jeden Tag einen neuen Witz weiß, auch wenn Mutter empört sagt: »Aber, aber, Herr Müller!« Und später kommen die Lehrer hinzu, die einen falsch beurteilen, einem nicht glauben und nur als richtig zensieren, was sie richtig finden – na, und so weiter und so weiter.

Wenn unsere Kinder mit unseren Verrücktheiten und Unberechenbarkeiten, unseren Tücken und Vergeßlichkeiten, der Treulosigkeit und dem Überschwang fertig werden, und wenn sie uns trotzdem genauso innig und unverbrüchlich lieben wie wir sie (mit ihren ebenfalls unvermeidlichen Fehlern), so können wir hoffen, daß sie auch später nicht aus dem Gleichgewicht geraten, wenn es für sie selber ernst wird. Und daß sie auch imstande sein werden, die eigenen Unvollkommenheiten zu ertragen, an sich und vor allem an denen, die sie lieben werden.

Entlasten wir also die Mütter. Die Großmütter würden das Ganze eh nicht so ganz ernst nehmen, vielleicht auch, weil sie alt und mutig genug geworden sind, um sich einzugestehen: Ja, in jedem Menschen ruht auch das Böse. Keiner ist gefeit, und man besiegt diese dunkle Kraft nicht, indem man sie zu psychologischen Lehrsätzen herabwürdigt.

3. Kapitel

Warum Kinder Großmütter brauchen

Kinder mögen Großeltern, und wenn sie begriffen haben, was Großeltern für sie sein können, verlangen sie nach ihnen. In England wurden Kinder gefragt, mit wem sie am liebsten das Wochenende verbringen wollten, und es standen unter anderen Schlagerstars, Tenniscracks und die Königin zur Wahl. Den Sieg trug »meine Großmutter« davon. In Deutschland suchten sich sechs Kinder per Zeitungsanzeige eine Großmutter, »für mindestens einen Nachmittag in der Woche«, und nach allerlei Mißverständnissen und Pannen haben sich in den letzten beiden Jahrzehnten die Leihgroßmütter in vielen Städten etabliert, ob man sie nun durch eine Agentur bekommt oder einfach dadurch, daß Mutter und Kind sie sich im wahrsten Sinn des Wortes angelacht haben, auf der Straße, im Park, beim Einkauf.

Wenn man Kinder nach dem Grund ihrer Sehnsucht nach einer Großmutter fragt und wenn man die Gründe betrachtet, die in den Anfängen dieser

Leihgroßelternidee zu Krach und Kündigung führten, so hat man so etwas wie das ideale Bild einer Großmutter.

Die Agenturen verzeichneten Kündigungen, weil sich besonders Frauen ausgenutzt fühlten, die zwar als Oma verlangt, aber als Putzhilfe eingesetzt wurden. Andere, weil nicht von Anfang an klipp und klar über Geld und gegenseitige Pflichten gesprochen worden war. Und schließlich, weil es in Erziehungsfragen unvereinbare Ansichten gab.

Das ist vollkommen klar, und das bezieht sich nicht nur auf die geliehenen Großmütter.

Nun zu den Kindern. Sie möchten gerne eine Großmutter haben, weil sie immer Zeit hat; weil sie von früher erzählen kann; weil ihr auch die Eltern gehorchen müssen; und weil sie Kinder nicht schlägt.

Ob Großmütter so sind, spielt in diesem Fall keine Rolle. Es geht um das, was Kinder sich wünschen und brauchen. Den Ort der Ruhe und Beständigkeit, und wer brauchte den nicht? Wie schnell und hastig ist unser Leben, wie schlucken der Beruf und die ganz normale Tagesarbeit zu Haus, samt Einkauf und Wäsche und Steuererklärung, die Zeit zwischen Aufwachen und Schlafengehen. Wie oft muß eine Mutter sagen: »Jetzt nicht!« Wieviel lieber möchte ein Vater die Beine vor der Glotze ausstrecken und nicht mehr reden und sich auf andere einstellen müssen, vor allem nicht auf die immer anstrengenden und anspruchsvollen Kinder.

Wie sehr brauchen deshalb auch Kinder einen Ort, an dem sie sich abreagieren können, von der Schule, von einem so richtig gemeinen Freund, von einem verlorenen Spiel. Und sie brauchen dann eben keinen Menschen, der voll in die Argumentation einsteigt und alles haargenau wissen will – »Was hast du gesagt? Und was hat er dann gemacht? Und warum hast du ihm nicht... Das ist doch immer dasselbe mit dir...«

Nein, das Kind will keine Auseinandersetzung und keine Gerechtigkeit und nicht die alte Leier, es braucht jemanden, der nichts von der Sache versteht, aber alles von ihm. Keine Großmutter muß Tennis- oder Fußballregeln kennen, um einen geschlagenen Krieger zu trösten. »Du liebe Zeit!« oder »Also nein, so was!«, das zeigt dem Kind: Da hört einer zu, da fühlt einer mit, und im Selbstgespräch vor einem geneigten Ohr kommt der Mensch ohnehin sehr viel leichter zu sich. Er weiß ja, schon als Kind, ganz genau, daß es »immer dasselbe mit dir ist«, aber gerade deshalb will er es nicht noch einmal hören, will es nicht wie Salz in die offene Wunde gerieben bekommen.

Großeltern wissen meist, daß man ein Hasenherz auch durch dieses gereizte Geplänkel nicht zu dem Kater Kräftig machen kann, als den vor allem Väter ihre Söhne immer noch so gerne sehen. Und ein

Kind, das immer die Schuld bei den anderen sucht oder schlicht und einfach bei dem elenden Zustand der Welt, das kann man nicht mit Wörtern zur Einsicht bringen (pädagogische Wunder mal ausgeklammert). Es muß langsam und sein halbes Leben lang lernen, sich selber an der Nase zu fassen, und es sucht instinktiv den Ort und den Menschen, der ihm die Zeit für diese mühselige und oft demütigende Entwicklung gönnt und es trotzdem liebt.

Wieder die Liebe. Aber auch in diesem Fall ist sie keine Beschwichtigung. Es ist ein großer Unterschied, ob eine Großmutter in ihr Enkelkind wie in den goldenen Becher blickt und es immer überschwenglich lobt und herausstreicht, oder ob sie es mit diesem gewissen Lächeln in den Arm nimmt, stumm, aber doch so, daß das Kind ganz genau spürt: Sie weiß, wie ich bin, und sie läßt mich trotzdem nicht im Stich. Im ersten Fall dagegen merkt es nur zu gut, daß der Überschwang eigentlich nur die Enttäuschung über das Versagen des Kindes ist und daß er außerdem seinen Preis hat: ewige Dankbarkeit. Sie will die beste Omi sein und natürlich den besten Enkel haben und versucht zum schrecklichsten Bündnis der Liebe zu verlocken, wobei ihr das Kind als Person gänzlich gleichgültig ist. Sie braucht es nur, um anzugeben. Sie braucht es, um das Bild von der fabelhaften Großmutter für all ihre Nachbarn und Freundinnen abzurunden. Sie braucht es als etwas Besseres als einen Schoßhund. Die Leine aber wäre die gleiche.

Kinder wünschen sich also die Großmutter, die immer Zeit hat. Das heißt: Zeit für mich. Und das heißt: Ich möchte gerne einen Menschen haben, an den ich mich immer wenden kann. Mit dem ich reden und schweigen kann, Plätzchen backen und Schach spielen, Bücher lesen und weinen und lachen und über die Unsterblichkeit der Maikäfer reden. Ich möchte manchmal bei einem Menschen sein, der mich nicht nur als Erziehungsobjekt betrachtet, aber auch keiner meinesgleichen ist, also weder Geschwister noch Freund. Ein Erwachsener, der mich fordert, der mich ernst nimmt, als wäre ich schon derjenige, der ich eines Tages werden könnte.

Für Großeltern ist es nicht schwer, diesen Wunsch zu erfüllen. Wer weiß, vielleicht sehen sie in den kindlichen Zügen den Schatten eines längst gestorbenen Verwandten, sehen in der Enkelin die eigene Lieblingstante. Sie haben auf jeden Fall ein ganz anderes Zeitgefühl als die Eltern, und die Grenze zwischen Kindheit und Jugend verwischt sich ihnen, nicht aus Verwirrtheit, sondern weil das in Jahren gemessene Alter wahrhaftig nicht alles ist.

Zwischen Alter und Jugend schrumpft manchmal die Zeit. Die Enkel besitzen zum Beispiel eine so verblüffende Sicherheit im Umgang mit den Erscheinungsformen der Technik im Alltag, daß sie den Großeltern in dieser Hinsicht erfahrener und überlegen und irgendwie älter erscheinen. Das schafft auf ebenso merkwürdige Weise einen Ausgleich. Die Alten wie die Jungen haben große Wissenslücken, aber sie können sich gegenseitig diese Schwächen eingestehen, darüber lachen, denn sie sind gerade dadurch voneinander abhängig, aber nicht mehr oder noch nicht im Wettbewerb wie die mittlere Generation, die den Jungen und den Alten und der gesamten Berufswelt Perfektion und Unfehlbarkeit vormachen müssen.

Großeltern haben immer Zeit, sollten immer Zeit haben, und wenn nicht immer und ewig, so doch mehr als die Eltern. Und sie sollten sie nach dem Wunsch der Enkel nutzen, um von früher zu erzählen. Warum? Warum ist es im Grunde genommen so leicht, mit einem Kind umzugehen, wenn man nur anhebt zu erzählen: »Früher, als deine Mutter noch ein kleines Mädchen war und lange Zöpfe mit roten Maschen hatte ...« Oder: »Früher, als der Großvater deiner Mutter gezeigt hat, wie man Holz hackt oder Ski fährt oder ...« Es ist ganz gleichgültig, was man erzählt, das Kind hört zu. Freilich, die Geschichte muß stimmen, denn wahrscheinlich wird sie immer wieder verlangt werden, und wehe, es fehlt auch nur ein Tüttelchen! Warum also diese Geschichten von früher?

Sie öffnen eine Dimension der Zeit und dessen, was wir Wirklichkeit nennen, die ein Kind vollkommen durcheinander bringen kann. Was ist denn Zeit? Was Vergänglichkeit? Es war einmal... Ja, aber: wo und wer? Ein Kind fühlt sich schon sicherer, wenn da jemand sitzt, dessen Leben in dieses Früher hineinreicht, das damals begann, als man noch Zöpfe hatte und zu Fuß ging.

So werden Geschichten lebendig, die in den Kulissen spielen, die das Kind kennt und die doch anders sind, weil die Zeit alles verändert. Das ist eine bedrohliche Vorstellung. Das Kind begreift dunkel die Verluste und Abschiede, die damit zusammenhängen. Die meisten Kinder wollen dem Schmerz aus dem Wege gehen, wollen also, daß alles immer so bleibt, wie es gerade ist. Wandel und Wechsel bringen neue Unsicherheit, wie kann man das nur ertragen? »Stell dich nicht an, mach schnell!« ist die alltägliche Reaktion auf das Zögern und die Angst. Die Großmutter aber erzählt von der Vergangenheit und vom Vergehen, von der Zeit, in der auch der Vater Angst gehabt haben muß. Hatte er das wirklich? Großmutter erzählt, und das Kind begreift, daß man den Lauf der Zeit ertragen kann. Daß man sich nicht wehren muß, weil man aus den Geschichten der Großmutter hören kann, wie es zu jeder Zeit Dinge gab, die so schön waren, daß die Großmutter immer wieder davon erzählt. Irgendwie ist es ihr gelungen, die Zeit zu überlisten. Da sitzt sie, ein Mensch, von der Zeit gezeichnet, aber heiter und getrost. Damals, als ich noch Schnürstiefel tragen mußte. Damals, als die Tante Elisabeth so krank war und es noch kein Penicillin gab. Damals, als wir Sirup aus Rübenschnitzeln kochten...

Was ist das: Schnürstiefel, Schwitzpackung, Zuckerrübensirup aus dem Waschkessel? Die Dinge der Vergangenheit werden etwas, das man sich plötzlich vorstellen, fühlen und riechen kann. Das Material für eigene Bilder und Vorstellungen wächst. Die Vorstellungen über die Welt und über Ursprünge und Herkünfte vermehren sich mit jedem Wort.

Geschichten von Dingen und Geschehnissen, die nur die Großeltern kennen. Geschichten auch von den Eltern, als diese noch Kinder waren und den Großeltern gehorchen mußten. Auch das eröffnet eine neue Dimension und erleichtert manches Enkelkind, das dem doppelten Erziehungsdruck zweier Generationen nur mühsam widersteht. Erwachsene denken immer, für Kinder sei alles klar, was sie um sich herum sehen und wahrnehmen. Sonderbarerweise nimmt ein kleines Kind jedoch die ganze Umwelt für so selbstverständlich, daß es gar nicht nach den Zusammenhängen fragt, sondern alles als Rahmen für die eigene Person versteht. Es begreift erst allmählich, was Verwandtschaft bedeutet. Es merkt erst im Lauf der Jahre, daß die Beziehungen seiner Mitmenschen von ihm, dem Kind, vollkommen unabhängig sind und ihre eigene Ordnung besitzen, was andererseits heißt, daß Eltern Eltern haben und Onkel und Tanten Geschwister sind. Daß Mutter einmal genauso den Teller zerbrochen hat »wie ich« oder Vater bei seinem eigenen ersten Schultag vor Aufregung in die Hose gemacht hat. Und daß Vater fast gestorben wäre, weil er mit den Freunden ins Wasser sprang, aber noch gar nicht schwimmen konnte. Wenn da nicht Onkel Bernhard kurzerhand . . . und so weiter, und plötzlich liebt man den unterdessen großen und starken Vater ganz anders. Man kann mit ihm fühlen, die Pein in der Schule, das Schweben zwischen Tod und Leben. Gerettet! Und deshalb hat es mich geben können! Stell dir vor, Onkel Bernhard hätte sich nicht getraut, wo wäre ich dann?

»Und als Vater die Hosen voll hatte und Mutter als kleines Mädchen den Teller zerbrach – hast du sie da ausgezankt, Großmutter? Oder geschlagen?«

Ach, was ist Wahrheit? Wer kennt nicht den schrecklich geläufigen Satz: »Jedem rutscht einmal die Hand aus . . .« Was ist im Lauf der Jahre davon in Großmutters Kopf geblieben? Hat sie geschlagen? Hat sie nicht geschlagen? Ich hoffe, es tut ihr leid, falls sie es getan hat, und sie findet eine Antwort, die für das Enkelkind richtig ist. Jetzt muß sie nicht mehr zu diesem Mittel der Ungeduld und der Hast greifen, und die Schläge, die sie selbst hat einstecken müssen, bildlich oder am eigenen Leibe, haben sie gelehrt, daß Gewalt nur Haß und

Zorn gebiert. Selbst wenn sie geschlagen hat, kann sie den Enkeln zeigen, wie man ohne Schläge miteinander auskommt.

4. Kapitel

Das verzogene Enkelkind

Großeltern, wird oft gesagt, verziehen ihre Enkelkinder, und die Eltern erziehen sie. Das ist ein weites Feld, und die Bonbons, die dem Enkelkind heimlich zugesteckt werden, gehören genauso dazu wie das schlechte Gewissen der Großmütter, die sich einbilden, sie hätten für das eigene Kind damals nicht genug getan.

Ich meine in diesem Fall etwas anderes. Großeltern sind, seit sie Eltern wurden, durch viele Moden und Schulen der Erziehungstheorie gegangen. Diese Forderung und jene Sozialisationsmethode, diese antiautoritäre und jene permissive Regel, und wenn man mit Kindern nicht diese bestimmten kreativen Fingerübungen gemacht hatte, mußte man fürchten, sie blieben manuell unterentwickelt, so wie jener Sauberkeitsdrill bestimmte seelische Verkrüppelungen nach sich zu ziehen drohte.

Unsere Kinder sind uns lieb und teuer, das ist wahr, aber man kann des Guten auch zu viel tun, und Großeltern haben in ihrer Elternzeit immer wieder erlebt, wie diese Gegensätze trotz aller Wissenschaft und psychologischer Feldforschung weiter bestanden: Einerseits wußte man nie zuvor so gut Bescheid, was ein Kind braucht, um klug und kreativ und sogar auch glücklich zu werden. Andererseits hatte es noch nie eine Zeit gegeben, in der so viele Kinder Schulprobleme hatten, verhaltensgestört waren und Angst vor dem Leben zeigten — von den Kindesmißhandlungen und den an Kindern verübten Gewaltverbrechen ganz zu schweigen. Kann man sich überhaupt noch auf Erziehungswissenschaftler verlassen? Eltern neigen in ihrer Not dazu, es trotz allem zu tun. Großeltern sind, oft zum Heil der Enkel, skeptischer. Sie haben jenseits aller Wissenschaftsdiskussionen immer wieder gesehen, wie wenig die Erziehung bewirkt, die in Worten und Anordnungen besteht und das Leben der Kinder von Anfang an programmiert. Die beste Erziehung ist das Beispiel, nicht das Wort. Sicher ist es wichtig, wenn man dafür sorgt, daß sich Kinder — besonders in Großstädten — austoben und ausspielen können, statt ewig im Sessel zu hocken oder auf dem Fußboden vor der Glotze. Aber noch wichtiger ist, daß ein Kind sieht und täglich wieder bestätigt bekommt, wie Menschen höflich und herzlich miteinander umgehen. Wie sie zuhören, wenn ein anderer — auch ein Kind! — ihnen etwas zu sagen hat, und zwar wirklich zuhören, aufmerksam und voll Mitgefühl. Wie sie miteinander lachen, ohne den anderen auszulachen. Wie sie treu eine Freundschaft wahren, vor allem dann, wenn es einem Freund schlecht oder dreckig geht. Wie sie auch am Telefon nicht lügen. Wie sie die Suppe auslöffeln, die sie sich eingebrockt haben. Wie sie sich entschuldigen, wenn es der Anlaß und der eigene Fehler verlangen. Wie sie nicht nur Böses und Boshaftes unterlassen, sondern auch das Gute und das Freundliche wirklich tun und nicht nur beschwatzen. Kein »ich müßte eigentlich...«, sondern eben eine Tat.

Das ist natürlich nicht alles. Manches muß doch gesagt werden. »Wasch dir die Hände!« oder »Hast du schon deine Vokabeln gelernt?« Aber Großeltern jammern nicht, daß es den Enkeln zum einen Ohr herein und zum anderen wieder hinausgeht. Wir werden selber wieder vergeßlich im Alter und hassen es auch, wenn man uns voll Ungeduld und ganz und gar verständnislos anfaucht: »Aber das hab ich dir doch eben gerade gesagt...« Jaja, hast du sicher, mein Kind, aber nun hab ich es halt wieder vergessen. Die segensreiche Medizin nimmt der Sache ohnehin den Stachel. Uns Alten verkalkt das Gehirn – was heutzutage natürlich viel eleganter und medizinisch zutreffender formuliert wird, aber das Bild vom Kalk im Kopf hat mir schon immer gefallen, und dem kleinen Kind geht unser Gerede wortwörtlich nur einmal durch den Hirnkasten hindurch und ist schon wieder weg. Der

Mensch muß offenbar auch das Zuhören lernen, das Sich-etwas-merken. Wahrscheinlich hängt das auch damit zusammen, daß wir uns sofort und für ewig jede noch so absurde Sache merken, wenn sie uns nur amüsiert oder interessiert. Daß unsere grauen Zellen aber höchst träge ihre geheimnisvollen Verbindungen schalten, wenn es sich um etwas so Unwichtiges handelt wie »Putz die Zähne!«, »Bind dir die Schnürsenkel zu!« oder »2 + 3 = 5!«.

Alles, was uns mit Gehetze, Geschrei und Geprügel eingebleut werden soll, stößt eh auf Widerstände oder Tränen, das kann man in »David Copperfield« nachlesen. Wie schön ist es dagegen, wenn man dem Enkelkind zuschaut, wie es sich regt und bewegt und sich in seine Spiele mit Sand und Steinen und Schlackermatsch versenkt, bei denen es die Phantasie und das manuelle Geschick von selber übt. Einmal sah ich einen Mann, alt genug, um Großvater sein zu können, der mit einem kleinen Kind auf dessen Art spazierenging. Er stand friedlich da, hatte die Zeitung so klein zusammengefaltet, daß er sie mit einer Hand halten konnte, und las. Das Kind hielt sein eines Bein umklammert und verfolgte einen ziemlich großen Käfer. Der Käfer rannte, und wenn er einen gewissen Vorsprung hatte, zog das Kind den Erwachsenen ein paar Schritt weiter. Richtete sich der Käfer auf oder schien auf das Kind zuzukrabbeln, griff es nach der freien Hand des Großvaters, und dieser gab ein tröstliches Brummen von sich.

Nein, das ist natürlich nicht die ganze Erziehung. Aber der Drill und die Programme sind es erst recht nicht. Ich muß erkennen und entscheiden, wie ich ein Kind erziehen kann, und deshalb muß ich das Kind zeigen lassen, wer es ist und was es will und muß es dabei ohne Vorbehalt beobachten. Es ist nicht der, als den ich es mir erträumt habe, und jedes Kind ist schon glücklich, wenn es nicht als »der zukünftige große Chirurg, der einmal meine Klinik übernehmen wird« geboren wird, sondern als Adams Sohn, als Menschenkind, auf das die Welt voll Neugier wartet und dem jemand sagt: »Geh, wohin du wirklich willst. Mach, was du wirklich kannst. Es gibt einen Platz für jeden, auch für dich.«

Eltern wollen zu oft das Beste für ihr Kind. Großeltern zögern, denn sie wissen, daß das Beste oft nicht einmal gut ist. Sie zögern zum Heile des Enkelkindes. Meinem Vater war es gleichgültig, was meine Söhne werden wollten. Er genoß es, mit ihnen zusammen zu sein, und er genoß die Buben so, wie sie waren. Deshalb liebten sie ihn, und weil sie ihn liebten, begriffen sie das Geheimnis seines Glücks. Er hatte zweimal wirklich alles verloren und zweimal ein ganz anderes Leben beginnen müssen, für das ihn nichts vorbereitet hatte. Er hat auch als schon älterer Mann nicht gezögert und nie geklagt, sondern voll Haltung und Heiterkeit das getan, was in seinen Kräften stand. So wie ein Freund meiner Großmutter, dem es ähnlich ergangen war, nach 1945 zu mir sagte: »Ob ich die Straße fege oder Kimonos verkaufe oder auf dem Königsthron säße: Ich bin, der ich bin, das wird durch nichts verändert, und ich kann mir immer das Mittagessen verdienen, ohne etwas von dem aufzugeben, was ich für richtig halte.«

Wenn man jung ist, hört man solche Geschichten wie eine aus der Fibel oder dem Katechismus. Später lehrt die Erfahrung: sie stimmen tatsächlich. Nur der ist frei, der sich nichts anhaben läßt, und kein Vater der Welt kann seine Kinder gegen alles absichern. Wenn er Großvater wird, erinnert er sich vielleicht noch daran, wie sein eigener Vater war. Er weiß, daß alles meistens anders kommt, als man denkt, im guten wie im argen, und er akzeptiert es sachlicher und leichter, wenn ein Enkelkind den »guten Rat der Eltern in den Wind schlägt« oder sitzenbleibt oder seinen eigenen Weg gehen will oder ganz andere Zukunftspläne hat, als der Vater schmiedete.

Gerade Wege, krumme Wege, Umwege – es geht doch nur um den, der sie hinter sich bringen will. Wie mache ich ihn stark und geeignet dafür? Wie ihm begreiflich, daß keine Stunde des Lebens umsonst ist, sondern das Leben selbst zählt? Nur gut, wenn Großeltern verziehen, das Kind vom norma-

len Karrenweg abziehen und ihm zeigen, worauf
es wirklich ankommt.

5. Kapitel

Großmutter, die Pommes
und der Mammon

Ich werd doch nicht was lassen, nur weil es da vorn auf einem Schild verboten ist!« sagte ein sommersprossiger Junge im Bus, der seine öltriefenden Pommes so aß, daß er alles vollkrümelte und zum Schluß die fettige Tüte mitten auf dem Samtsitz liegen ließ.

Das paßt zu dem Satz eines Mädchens, das in einer der vielen öffentlichen Diskussionen um Paragraph 218 sagte: »Nein, die Abtreibung darf nicht verboten werden, denn sonst müßte ich ja etwas tun, das nicht erlaubt ist!«

Dem einen sind Gebote vollkommen gleichgültig, die andere braucht Gebote, weil sie sonst nicht weiß, was sie für falsch oder richtig (oder gut und böse) zu halten hätte. Beide leben, pathetisch gesagt, in einer Welt ohne Werte, ohne ein Wertesystem, das ihnen nicht nur in jedem Augenblick hilft, richtig zu entscheiden, sondern sie auf allen Ebenen des Lebens spontan richtig reagieren läßt, ob es sich nun um die Fettpfoten handelt, die anderen Fahrgästen rücksichtslos als Flecke in Rock und Mantel in Erinnerung bleiben, oder um die Frage: Wie hältst du es mit der Moral?

Eine Großmutter, die sich zum Beispiel in die Sache mit den fettigen Pommes direkt einmischte, müßte jedoch nicht nur mit Antworten der Jungen rechnen, die sich gewaschen hätten, sondern auch damit, daß sich die meisten Mitfahrer im Bus auf die Seite der Pommes-Esser schlügen; denn wer läßt sich gern in der Öffentlichkeit darauf hinweisen, daß er falsch gehandelt hat? Oder daß er nicht imstande ist, den ziemlich unmißverständlichen Sinn einer Vorschrift zu kapieren? Da setzt also die Solidarität derer ein, die sich von Schuljungen nicht allzusehr unterscheiden.

Die Menschen im Großelternalter schmerzt aber diese rüde Regel-Verachtung – nicht weil sie regelsüchtig wären oder von Regeln mehr als von Menschen halten, sondern weil sie wissen, was man von Regeln hat.

Sie haben verfolgt, wie nach 1945 zuerst einmal alle bisher gültigen Regeln »zusammengebrochen« sind. Wie nach einer kurzen Zeit von Schock und Scham das alte System, nur ohne NS-Vorzeichen, stillschweigend wieder benutzt wurde; wie die Studenten 1968 blindwütig und ohnmächtig alle Regeln zum Teufel wünschten und wie sich im Lauf der antiautoritären Jahre zeigte, daß eine Gesell-

schaft ihre Regeln gar nicht loswerden kann. Irgendwelche gelten eben immer, und wenn es die
Regeln der Regellosigkeit sind, und es kommt
mir so vor, als ob wir bei diesem stufenweisen angeblichen Abbau nur das alles verloren hätten, was
uns gegenseitig vor unserem nackten Egoismus
schützte. Denn der Mensch ist böse, das steht
schon im Alten Testament, im 1. Buch Mose, als
Kain zum ersten Mal ergrimmte. Da sprach der
Herr zu Kain: »...es ruhet die Sünde vor der Tür;
und nach dir hat sie Verlangen; du aber herrsche
über sie.«

Das gilt auch heute noch. Wir sind dem Bösen
ausgeliefert, wenn wir es (und uns) nicht beherrschen. Zweitausend Jahre lang haben unsere Vorfahren immer wieder versucht, den Barbaren, den
Kain in uns zu bändigen. Nächstenliebe, Barmherzigkeit, Pflege der Kranken, Speisung der Armen,
Erlösung der Gefangenen, das alles wird uns im
Neuen Testament gepredigt. Dazu zehn kurze,
weise Gebote gegen die Gier und die Heuchelei
und die Gewalt. Denn: Ich bin der Herr dein Gott,
und du sollst keine anderen Götter neben mir haben, auch nicht Mammon. Du sollst nicht um das
Goldene Kalb tanzen, du sollst dich mit deinem
Bruder versöhnen, du sollst ihn nicht nur mehr als
dich selbst lieben, sondern du solltest ihn ertragen!
Das ist ein guter Rat von Paulus, der einmal der
Sünder Saulus war und vielleicht besser als der

Gottessohn wußte, daß ertragen viel schwerer sein kann als lieben.

Und ob man nun ein Christ ist oder nicht: Gegen die Weisheit dieser Sätze kann man nicht viel einwenden, denn sie passen zum Straßenverkehr ebenso wie zur Ehe, zur Politik und zum Geschäftsverkehr. Wenn man nur versucht, sie zu beherzigen, nehmen sie unserer Existenz dieses Grausame, die Unberechenbarkeit und Unsicherheit. Sie schützen uns vor unseresgleichen und vor uns selber.

Sie haben natürlich den einen großen Nachteil: Sie nützen keinen Pfifferling, wenn man nur darüber redet. »Folget mir nach!« lautet der schlichte Satz aus dem Neuen Testament. Aber macht man sich damit nicht lächerlich und unbeliebt? Stellt sich nicht neben die moderne Erfolgsgesellschaft, die so herrlich und bequem von Schlendrian und Betrug lebt und von der so verlockend angenehmen Gemeinheit und Rücksichtslosigkeit? Macht man sich nicht Feinde, wenn man sagt, was man denkt? Ja, alles ja, aber ich finde, wenn ich so alt bin wie eine Großmutter, so kann mir das gleichgültig sein. Wenn ich meine, daß der Mensch sein Bestes verrät, wenn er nur an seinen Vorteil denkt, daß er seine Ordnung in Verstand und Seele braucht, so sollte ich diese Meinung um des Himmels willen bekennen und vor allem den Enkeln vorleben und ihnen aufrichtig Rede und Antwort stehen, wenn sie mich fragen, warum ich so lebe und nicht anders, an was ich glaube und was ich für gut und böse halte. Ich, die Großmutter, kann nicht mehr darauf warten, daß die Welt sich bessert oder auch nur zu dem kommt, was ich für Verstand halte. Ich muß selber dafür sorgen, auch daß Kinder ein Gewissen bekommen und bereit sind, die Verantwortung für das zu übernehmen, was sie tun und lassen.

Früher, als unsere eigenen Großmütter kleine Mädchen waren, hatten es die Erwachsenen mit dem Erziehen wahrscheinlich leichter. Es gab eine Konvention, eine allgemeine Ansicht über das, was die Gesellschaft für gut und nützlich und schlimm und schädlich hielt. Dieser Horizont der Werte spannte sich unerschütterlich wie der gestirnte Himmel über Kaiser, König, Edelmann/Bürger, Bauer, Bettelmann, wie der Auszählvers der Kinder lautete. Tat ein Kaiser oder ein Bettelmann Unrecht, so änderte das nichts an den Werten und dem Gang dieser erhabenen und fernen Gestirne. Sie waren da, und Menschen konnten sie nicht beeinflussen. Das Gute war so klar definiert, daß auch ein Vater ruhig einmal fehlen, sozusagen den Schritt beiseite machen konnte. Für sein Kind galt nicht sein schnödes Tun, sondern weiter das Gesetz, das er bedauerlicherweise nicht eingehalten hatte. Wie leicht muß damals das Eingeständnis von Schuld oder Fehlern gewesen sein. Man mußte sich dabei nicht verleugnen. Jeder wußte ja, wie menschlich das Versagen ist.

Heute gilt nur, was ich selber bin und tue. Wenn ich lüge und heuchle und meine Steuererklärung fälsche und schwarz fahre und zum Beispiel den Bäckerladen meines verstorbenen Mannes auf dem Papier wieder übernehme und meinen Sohn und seine Frau zu einem so niedrigen Gehalt anstelle, daß mein Enkelkind (aus den Steuergeldern der anderen Blödmänner, die keinen Bäckerladen und auch nicht so gute Ideen haben) Bafög beantragen kann, so sieht es die Enkelin, sehen es die Kinder meiner Familie, und ich bin ihr Beispiel.

Wäre das meine Vorstellung von Erziehung? Will ich den Kindern das Einzige nehmen, was ich ihnen wirklich geben kann?

Großeltern können es sich leisten, nein zu sagen. Ich bin manchmal in Schulklassen und lese den Kindern, die meine Enkelkinder sein könnten, etwas vor und diskutiere mit ihnen wirklich über Gott und die Welt, und es gibt mir immer wieder einen Stich, daß die Kinder meist das Gesicht verziehen, wenn ich sage: »Das habt ihr sicher auch eure Eltern gefragt... Das wißt ihr bestimmt von eurer Großmutter.«

»Nein«, sagen sie, »meine Großmutter weicht immer aus.« – »Meine Eltern sagen: Frag nicht so dumm.« Oder: »Ich hab jetzt keine Zeit.« – »Unsere Großeltern sagen: Ich misch mich nicht ein. Ich halte da lieber den Mund, meine Meinung will heute ja doch keiner mehr wissen.«

41

Woher wollen Großeltern so etwas wissen? Und warum diese Ängstlichkeit? Warum lassen sie sich das Einzige aus der Hand nehmen, worüber wir in unserer sogenannten fremdbestimmten Welt noch frei verfügen können? Ein Kind ist ein Kind, und ein Kind verlangt Auskunft über das Leben und seinen Sinn. Wozu hat es denn sonst überhaupt eine Familie? Wer soll ihm denn sonst etwas sagen? Auf wen kann es sich denn verlassen, und auf wen verließe es sich lieber als auf eine hoffentlich geliebte Großmutter? Und es wird Großeltern inniger und unverbrüchlicher lieben, wenn es spürt: Sie machen keine Ausflüchte, sie sagen mir die Wahrheit. Sie gestehen mir ihre Zweifel. Sie nehmen mich ernst. Sie spüren, daß ich wissen will, wozu ich überhaupt lebe, und wie man das schafft in diesem Durcheinander des Daseins.

Einer meiner Söhne hatte einmal in der Grundschule eine Zeit, in der er immer so wütend und angespannt von all dem Geschrei und Gezanke in der Schule nach Hause kam, daß er eine Viertelstunde wie ein Rumpelstilzchen herumfauchen mußte, eh er uns andere auch nur richtig wahrnahm. Irgendwann fragte ich ihn: »Sag mal, warum läßt du deinen Zorn nicht gleich an denen in der Schule aus?« Da schaute er mich vollkommen verblüfft an und fragte: »Aber wozu bist du denn da?« Ja, wozu sind wir da? Wir sind für unsere Kinder und Enkel die Ordnung des Lebens, ob wir das wollen oder nicht. Und im Alter sind wir sicher auch dazu da, auf einer anderen Ebene standzuhalten und nicht die Flucht zu ergreifen. »Meine Großmutter weicht immer aus.« Ach, hätte sie doch Mut besessen! Großmutter-Mut!

6. KAPITEL

Großmutter und das Fernsehen

Großeltern stammen aus der Zeit ohne oder zumindest ohne nennenswertes Fernsehen und ganz und gar ohne Kassetten, Videos und Computerspiele.

Großeltern in den sechziger und siebziger Jahren haben das Fernsehgerät, das ihnen die Kinder in die Stube stellten, als ein willkommenes Geschenk empfangen. Denn die Sendungen brachten ihnen wahrhaftig die Welt ins Haus, schonten die alten müden Beine und – das war ihnen das Wichtigste – die Enkel kamen zu den Großeltern und schauten bei ihnen fern. Wie schön, ein gemeinsames Erlebnis, und zudem hatten die Jüngsten der Familie die so seltene Gelegenheit, ihre unbestrittene Überlegenheit, nämlich in technischen Dingen, den Alten zu zeigen, und die Großeltern sagten nicht wie die Eltern: »Schwatz nicht so altklug!« oder »Die ewige Besserwisserei! Wenn du nur so gut für die Schule lernen würdest!« oder korrigierten gar das, was ihre Kinder verkündeten.

Nein, vor allem die Großmutter hörte interessiert zu, versuchte von den Enkeln zu lernen, und wenn es ihr nicht gelang, so sagte sie friedlich: »Ach wozu auch, ich hab ja dich!« Diese List der Liebe machte sie aber nicht blind, und vielleicht bemerkte sie ziemlich bald mit einer leichten Unruhe, wie seltsam Kinder auf das Fernsehen reagierten. Wie es sie unruhig machte, wenn weite verlassene Strände sich dehnten, auf denen ein Mensch – es mußte nicht einmal ein Kind sein – einsam und alleine in einer ungewissen Ferne verschwindet. Wie sie plötzlich aufsprangen und im Zimmer herumlaufen mußten, nicht wenn die Hexe in den Ofen gesteckt wurde, sondern wenn Hänsel und Gretel in der Einsamkeit der Nacht durch den dunklen, dunklen Wald wanderten.

Sie registrierte, wie sich selbst große Schulkinder plötzlich wieder ankuschelten oder die Hände auf die Augen preßten, wenn irgendein Guter durch die drohend leeren Nachtstraßen gejagt wurde oder durch den leeren Himmel, das leere Meer, das keine Anhaltspunkte für Auge und Seele bietet. Wie andere Kinder vor Angst nur steif und stumm wurden und, unfähig, den Gefühlen Ausdruck zu verleihen, zu stottern begannen oder erst Wochen oder Jahre später Dinge sagten oder zeichneten oder auf andere Art und Weise äußerten, daß sich der Großmutter die Haare zu Berge stellten. Vielleicht merkte sie schließlich, wie stark die farbigen Bilder auf die Kinder wirkten, wieviel intensiver.

Aber ist es bei ihr anders? Auch für den Erwachsenen gilt nämlich, daß er für Farbe stärker und auf
eine ganz andere Art und Weise aufnahmebereit
ist. Sie raubt ihm die Distanz zu dem, was er sieht,
gaukelt ihm also eine echtere Wirklichkeit vor und
dringt ihm direkt durchs Auge in die Seele. Farbe
hat mit dem Gefühl zu tun, durch Farben werden
menschliche Gefühle mobilisiert und manipuliert.
Diese Chance nutzen die Fernsehregisseure natürlich ganz kühl und bewußt. Sie fangen uns mit
Farbe ein, denn Farben sind Signale, auf die wir
wie dressierte Hunde reagieren. Farben umgehen
den Verstand, er wird und bleibt bei diesem Vor-
gang ausgeschaltet. Farbe strahlt sofort tief ins
Unbewußte und erzeugt dort Gefühle, die oft die
nächsten Jahre überdauern, ohne daß wir uns das
erklären könnten. Die Ursache dafür liegt darin,
daß uns das bunte Bild durch die verlorene Distanz
regelrecht verschluckt – Kinder erst recht, die ihr
noch weniger Widerstand zu bieten haben. Sie
werden durch die Farbe künstlich in der Bilder-
gläubigkeit gehalten, die eigentlich nur für eine
bestimmte Entwicklungsstufe typisch ist, aus der
sich Kinder dann leicht und natürlich lösen, um mit
der Distanz zu sich und zu den Dingen eine erste
Selbständigkeit, eine erste Kritikfähigkeit zu gewinnen.
Die Gelegenheit zu dieser Ablösung und zu diesem
Reifungsprozeß wird ihnen durch die Farbe ge-

nommen. Sie bleiben unmündig und abhängig, über ihr Alter hinaus infantil, ein widerstandsloser Spielball für alle künftigen Manipulationen dieses Mediums.

Das alles ist bekannt, und ein aufmerksamer Beobachter kann es an den eigenen Enkeln immer wieder bestätigt bekommen. Was ist das nur? mag sich manche Großmutter gefragt haben. Sollte man den Kasten vielleicht nicht lieber abstellen?

Diese Frage ist müßig. Viele Erwachsene haben sich das damals, in der Frühzeit der Glotze, bedenklich gefragt, aber getan hat es keiner. Wer es dennoch vorschlug, wurde als konservativer Dummkopf hingestellt, der sich zum Schaden der Kinder gegen die Zeit stemmt und sich dabei auch nur lächerlich macht. So ist das Fernsehen unser Hausgenosse geworden. So sind Erwachsene und Kinder diesem Hausgenossen in ständig wachsender Sucht verfallen. So gibt es die Listen der Gewalttaten, die ein normales deutsches Schulkind mit normalem Fernsehkonsum schon in den siebziger Jahren innerhalb einer einzigen Woche und nur bei den beiden Fernsehanstalten ARD und ZDF miterleben konnte: 103 Tote, 52 schwere Schlägereien, 11 Faustattacken, 27 Schießereien, 26 Einzelschüsse auf Menschen mit Pistole oder Gewehr, 4 Überfälle mit Pistolen und Gewehren, 2 Überfälle mit Pfeil und Bogen, 8 Brandstiftungen, 13 schwere Schußverletzungen, 3 leichte Schußverletzungen, 8 Raubüberfälle, 18 Bedrohungen mit Maschinenpistolen, 9 Bedrohungen mit Gewehr, 6 Bedrohungen mit Messer, 1 Bedrohungen mit anderen Waffen, 16 schwere Einbrüche, 3 Plünderungen, 4 Diebstähle, 3 Geldschrank-Einbrüche, 4 Betrügereien, 5 Erpressungen, 1 Taschendiebstahl, 1 Heiratsschwindel, 4 Knebelungen, 8 Fesselungen, 7 Verbrecherjagden zu Fuß, 2 Verbrecherjagden im Auto, 1 Verbrecherjagd im Motorboot, 1 Selbstmord durch Harakiri, 4 Entführungen, 4 Kämpfe mit Säbeln, Knüppeln und anderen Waffen, 6 Indianerangriffe, 4 Cowboyangriffe, 2 Tierquälereien, 1 Erwürgung, 3 Folterungen, 1 gewaltsame Befreiung eines Gefangenen, 5 brutale Vorgehen gegen Frauen (Schläge und Tritte), 3 brutale Vorgehen gegen Kinder (Schläge und Tritte), 2 Selbstmordversuche, 4 Hinrichtungen durch Erschießen, 6 Mordversuche, 4 Erhängungen eines Menschen, 2 Handgranatenwürfe, 4 blutig geschlagene Gesichter in Farbe. Schon damals, 1971, als das Fernsehen von heute aus betrachtet wirklich noch in den Kinderschuhen steckte, konnte man schätzen, daß ein Kind zwischen seinem fünften und fünfzehnten Lebensjahr etwa 12 000 Totalvernichtungen mitansehen müsse.

An diese Tatsachen schloß sich ein immer wieder aufgenommener Streit: Verlocken diese Brutalitäten zur Nachahmung (also: gefährlich), oder stellen sie eine Art Ersatzhandlung dar (also: ungefährlich)? Es gab dazu immer neue Untersuchungen und Gutachten von Psychologen und Kinderärzten, die beide Thesen jedesmal schlüssig bewiesen, und es gab und gibt die Zeitungsberichte von Mord und Gewalttaten, von Jugendlichen oder Kindern nach Fernsehvorbild ausgeübt, oft nur »um zu sehen, wie das ist –« oder noch schrecklicher, in der verblüfften Feststellung der Jugendlichen endend: »Daß die (oder der) so schnell hin ist...«, wenn sie zum Beispiel einem Spielkameraden zu viert auf dem Kopf herumgesprungen sind.

Monster auf dem Fernsehschirm haben Monster im Kinderzimmer erzeugt. Aber für den Erwachsenen ist wahrscheinlich der größte Schock diese kalte Gleichgültigkeit, die Abstumpfung der Gefühle, die Unfähigkeit, Gut und Böse zu erkennen, der totale Verlust dessen, was man früher die kindliche Unschuld genannt hat.

Wie konnten diese Kinder, diese jungen Menschen nur zu solchen Tieren werden? Wir lieben unsere Kinder doch, die Elterngenerationen vor uns liebten sie auch, wollen und wollten doch nur ihr Bestes. Wir haben es geschafft, in Europa, in dem seit Anbeginn der Geschichtsschreibung nur davon berichtet wird, wie der eine Stamm dem anderen den Schädel einschlug, endlich Frieden herrschen zu lassen. Aus welcher Drachensaat stammen diese Kinder?

Ich möchte noch einmal an die Argumente erinnern, die Pädagogen zu Beginn der Fernsehära dazu führte, vor diesem Medium zu warnen. Ich möchte damit nicht im geringsten den falschen Eindruck erwecken, alles Böse käme vom Bildschirm. Wir selber sind es, die die Maschinen und Apparate an- und ausstellen. Wir haben trotz allem die freie Wahl. Wenn also jemandem Schuld zugesprochen werden sollte, so müßten wir Erwachsenen uns selber anklagen. Ich denke allerdings, damals, vor zwei oder drei Jahrzehnten, haben die Pädagogen mit einem skeptischen Blick in die Zukunft gewarnt. Ihre Prognosen erschienen vielen Eltern so absurd und übertrieben, daß sie zumindest glaubten: Mir und meinen Kindern kann so etwas niemals zustoßen.

Heute können wir zurückblicken und überprüfen, welche dieser Vermutungen und Warnungen berechtigt gewesen sind. Heute käme man also zu Tatsachen, die man zu akzeptieren hat. Und vermutlich sind es die Großeltern, die sich mit diesem Problem schon in Gedanken an die Fernsehzeit mit den eigenen Kindern eher befassen mögen und sich überlegen, welche Konsequenzen man für die Enkelkinder zu ziehen hat.

Die Pädagogen der sechziger und siebziger Jahre fragten sich also: Es wird immer so lobend darauf hingewiesen, wie stark das Fernsehen auf die Realität bezogen sei. Stimmt das denn? Ist das nicht nur eine hoffnungsvolle Einbildung? Wie kann man eine Folge von bunten einzelnen Bildern für die Wirklichkeit halten? Wie erlebt denn ein Kind tatsächlich die Wirklichkeit? Es lernt doch gerade in diesen Jahren der Kindheit, sich als Person zu fühlen und zu begreifen, als körperlicher und sinnlicher und geistiger Mittelpunkt all dessen, was es sieht und hört und erlebt. Es räumt sich mit diesen Erfahrungen und Erlebnissen sozusagen seine Seele ein. Es beginnt, Herr seiner Emotionen und Affekte zu werden, und Großeltern verfolgen meist gerade diese Prozesse mit offeneren Augen und mehr Aufmerksamkeit, als es Eltern mit ihrer knappen Zeit tun können. Bei den eigenen Kindern ist man außerdem oft selber ganz außer sich, wenn man miterleben muß, wie ein kleiner Mensch von seinen Gefühlen geschüttelt und gepeinigt wird, die er noch gar nicht begreift und für die er noch keine Ausdrucksform besitzt. Er erschrickt selbst, wenn ihn die Wut oder der Jammer oder die Eifersucht oder der Haß oder auch die übergroße Liebe und Freude packen, er kann vorerst nur stumm die Hände ringen oder am ganzen Leibe zittern oder heulen oder kreischen.

Jedes Kind muß mit diesen Gewalten selber fertig werden und sich seine Ordnung schaffen. Ja, der Erwachsene hilft, mancher mit Liebe, der andere mit Strenge oder Ungeduld, und das Kind macht seine Erfahrungen mit den Grenzen, die ihm gewährt werden. Mit den Reaktionen der anderen.

Mit seinen eigenen Tätigkeiten, seiner »Arbeit«, Lied, Spiel, Tanz – was kann das für ein Ventil sein, aber auch: was für ein Trost! Wie überwältigend, wenn ein Kind erlebt, daß sich plötzlich das Gefühl der Wut in absolute Wonne auflösen kann.

So. Nun trägt aber ein Kind nicht seinen Kampf mit sich selber aus und gewinnt mit jedem Tag mehr Sicherheit über sich selbst, sondern es hockt gemütlich vor der Glotze. Es macht keine eigenen Erfahrungen, sondern es folgt allgemein erregten Emotionen und Affekten. Es lebt nicht, es wird ihm was vorgelebt. Es erlebt nichts, es werden ihm Erlebnisse geliefert. Es muß keine Ordnung in seinen Erfahrungen schaffen, es wird mit kollektiven und oft nur theoretischen Lösungen abgespeist. Es wird kein Individuum, sondern ein Gruppenwesen, das wie ein Pawlowscher Hund mit Millionen anderer Gruppenwesen auf ein Medium reagiert. Es lernt keine Verantwortung, sondern kann sich in allem hinter dieser Gruppe verstecken. Es braucht kein Gewissen. Es muß sich nie schuldig fühlen. Es wird scheinbar angeregt, stumpft aber in Wirklichkeit ab, wird gedankenlos, anspruchsvoll, undankbar, übt keine eigene Phantasie, braucht nicht mehr zu staunen, blendet die Erwachsenen durch die gleiche flinke oberflächliche Brillanz wie das Fernsehen selbst, kann aber nur nachäffen, ist nicht imstande, die eigenen Gedanken und Wünsche angemessen und eigentümlich auszudrücken.

Das Kind wird also beraubt und geschwächt und — was ich für das Schlimmste halte — die Erwachsenen entziehen sich ihm. Sie setzen sich mit ihm auf eine Ebene vor den Fernsehschirm und geben ihr Vorrecht an diesen ab, Vorbild zu sein, dem Kinde vorzumachen, wie gelebt werden muß. Sie geben vor allem ihre moralische Position auf und lassen klaglos das gelten, was auf dem Fernsehschirm als Welt präsentiert wird: das Recht des Stärkeren, das Recht der Revolver.

Kinder brauchen Modelle, und was sehen sie? Die Erwachsenen lächeln beifällig, wenn die Eisenbahnräuber ihr Verbrechen zum Happy-End führen. Sie protestieren nie, wenn der Gute des guten Zwecks wegen die Bösen wie das Ungeziefer jagt, mordet und erschlägt. Sie schauen seelenruhig zu, wie Männer Frauen prügeln und wie Ehefrauen ihre Männer betrügen, wie Sex als Liebe ausgegeben wird und die Liebe als sentimentaler Kitsch. Sie akzeptieren den ganzen abgefeimten, verlogenen und zynischen Müll und lassen sich den Verstand und die Gefühle und das Empfinden für Recht und Gerechtigkeit ohne Federlesens genauso abnehmen, wie es mit den Kindern geschieht.

Wieso eigentlich? Woher kommt diese Blindheit und diese widerstandslose Ergebenheit? Wieso haben die Erwachsenen dieses alles seit Jahren und Jahrzehnten brav geschluckt?

Der Grund liegt wohl darin, daß die Erwachsenen genauso hilflos wie die Kinder sind und mit dem Leben und dem Job und den Ansprüchen nicht zurechtkommen. Vielleicht haben sie Angst vor der Zukunft und vor dem, was sie eigentlich tun müßten, um die Welt für ihre Kinder noch einigermaßen bewohnbar zu halten. Trost wird verlangt, eine dunkle, kleine Höhle, in die man sich verkriechen kann, dazu Träume nach Wahl, süß bis sadistisch, und so ist das Fernsehen der Genosse und der treue Trost der Erwachsenen geworden, Begriff schlechthin für Feierabend und Gesellschaft, einziger Kontakt in einer als immer fremder und feindseliger empfundenen Welt, so daß man weder verlangen noch erwarten kann, es brächte jemand die Kraft auf, wieder ein anderer Mensch zu werden.

Wenn man also wieder fragt: Wäre es für die Kinder besser, wenn sie zum Beispiel Großeltern hätten, die ihnen in einer Fernsehwelt die Fernsehapparate ausknipsten? So lautet die Antwort heute: Nein.

Für diese Antwort gibt es viele Gründe, und ein paar seien erwähnt:

Das Fernsehen ist so sehr schon Bestandteil des Kinderlebens geworden, daß ein Kind, ein Schulkind zum Außenseiter würde, wenn es die Fernsehserienhelden und die Redewendungen der gerade beliebten Sendungen nicht kennte. Es könnte nicht mitspielen, wenn diese Serien nachgespielt werden, es wüßte nicht, um was es geht, wenn über die Geschichten von gestern abend gesprochen wird.

Fernsehkinder haben außerdem eine andere Art zu sehen, aufzunehmen und wiederzugeben. Ein Schulkind, das sich auffallend anders verhält, kann ebenfalls zum verlachten und verspotteten Außenseiter werden.

Das Fernsehen vermittelt in Tier- und Landschaftsfilmen so viele Informationen, daß ein Kind, das nicht zumindest manchmal an dieser Informationsfülle teilnimmt, den anderen Kindern wie von einem anderen Stern oder aus einer anderen Zeit vorkommen muß. Lehrer gehen außerdem bewußt oder unbewußt auf die Inhalte von den sogenannten nützlichen Fernsehsendungen ein. Versuchen Eltern oder Großeltern, Kinder vom Fernsehapparat fernzuhalten, so wird dem Kind das, was es zu Hause verboten bekommt, doppelt begehrenswert erscheinen. Es wird es sich heimlich bei anderen Kindern holen, und dann vermutlich im Übermaß. Fernsehverbote erzielen also meistens nur Lüge und Heuchlei. Wer verbietet und Kinder ohne Erklärung von etwas fernhält, kann das vermutlich ohnehin nur bis zur Schulzeit durchhalten. Spätestens zu diesem Zeitpunkt setzen Fragen ein, die heute von den Kindern sachlicher und oft vernünftiger gestellt werden, als es die meisten Großeltern aus ihrer Jugendzeit erinnern werden. Das heißt: Erwachsene, die selbst nicht mit knappen autoritären Antworten »Frag nicht so frech! Es gibt eben kein Fernsehen, basta!« zufrieden wären, müssen spätestens beim Kauf der Schultüte Argumente parat haben und ihre Kritik oder ihre Anti-Einstellung begründen können. Sie hätten aber sicher einen besseren Start, wenn sie das Fernsehgespräch nicht als Verteidigung beginnen müßten. Dieses Gespräch nun wird und sollte Jahre andauern, sollte sich in den Inhalten je nach dem Reifegrad der Kinder ändern. Hat es als Reaktion auf einen Protest begonnen, so würde es sicher lange dauern, bis sich die Emotionen auf beiden Seiten gelegt haben und Sachlichkeit in die Diskussion einziehen kann. Vor allem, bis es den Erwachsenen gelingt, den Eindruck zu löschen, sie stünden auf der einen Seite und die Kinder quasi als Gegner auf der anderen, und zwar auf der des Fernsehens.

Wie ist dieses Problem zu lösen? Nicht einmal Großeltern können eine Idealantwort auf diese Frage geben, aber sicher ist, daß es nicht nur eine einzige Antwort für alle Kinder und alle Familien gibt. Außerdem unterscheidet sich diese Frage – wie wollen wir's mit dem Fernsehen und unseren Kindern halten? – wesentlich von allen anderen pädagogischen Fragen. Diese betreffen momentane Situationen, beziehen sich auf Entwicklungsabschnitte der Kinder, die oft nur Wochen andauern und dann wieder vergessen werden. Sie beziehen sich auf Eigenschaften, Unarten und Eigentümlichkeiten von Kindern, ohne den Charakterkern zu berühren. Sie sind aus all diesen Gründen auch nur für bestimmte kleine Elterngruppen interessant und wichtig.

Beim Fernsehen ist das anders. Es ist eine Zentralerscheinung unserer Existenz geworden, und deshalb zielt die Frage nach unserem Fernsehverhalten auf das Zentrum unserer Existenz und unseres Bewußtseins von der Welt und von den Werten.

Es wäre genau die richtige Rolle für Großeltern, über all dieses nachzudenken. Ergreifen sie nun auch die Flucht, oder halten sie stand? Es wird keine Ablehnung verlangt, keine Feindschaft. Vielleicht nur der skeptische Umgang mit diesem Medium, die ständige Erinnerung daran, daß diese Bilderwelt gemacht wird, künstlich gemacht. Daß man mit laufenden Bildern zaubern, aber auch lügen und betrügen kann. Daß Fernsehen nicht alles ist und daß jede Sekunde gelebtes Leben besser ist als eine Minute vorm Fernsehschirm. Daß aber auch früher, als es noch kein Fernsehen gab, nicht »alles viel besser war«. Vielleicht nur die Erkenntnis, daß Enkel Kinder sind und daß sich der Mensch nicht in dem Maße verändert hat, wie er seine Umwelt veränderte.

7. Kapitel

Großmutter und die Gelassenheit

Wenn man Großmutter wird, liegt die erste Hälfte des Lebens hinter einem. Man blickt zurück, denkt über das nach, was war, schaut sich bei Freunden und Altersgenossen um und erkennt: alles, was folgt, ist Geschenk. Das macht behutsam, ich will nicht sagen weise, aber es bringt uns dazu, vieles, was man als selbstverständlich betrachtet, wie Glas zu berühren.

Jeder weiß, daß sein Leben ein Ende hat, aber etwas in uns scheint das in der ersten Hälfte des eigenen Lebens nicht ernst zu nehmen. Erst wenn sich in der Tageszeitung die Todesanzeigen mit Geburtsdaten mehren, die vor dem eigenen liegen, wird Vergänglichkeit mehr als ein Wort.

Doch merkwürdig, je kürzer die eigene Zeit wird, desto mehr genießt man es, ihren Verlauf gelassen zu betrachten, und diese Gelassenheit, die Eltern meist noch nicht besitzen, ist eine Wonne für ein Enkelkind. Die Großmutter weiß nur zu gut, daß Kindheit eine Kette von Krisen und Katastrophen

ist. Masern und Beinbruch und Zank und Verlust
der Lieblingspuppe und Verrat des besten Freundes und grundlose Einsamkeit, »Niemand will mit
mir spielen«, und immer wieder das verzweifelte
Geheul, das herzzerreißende Weinen, das einem
noch Jahrzehnte später durch die Träume hallt.
Doch dann hat man gelernt, oft unter eigenen
Schmerzen, daß es gar nichts nützt, Tränen mit
Tränen und Heulen mit Hast und mit Entscheidungen zu beantworten, die gleich alles wieder ins Lot
bringen sollen. So leicht ist das eben nicht, das
Leben ist kein Rechenexempel und keine Repara-
turwerkstatt, aber manche Krise löst sich von ganz
allein. Man braucht nur abzuwarten, und schon ist
alles vorbei, oft leichter und schmerzloser, als wenn
man eingegriffen hätte.
Gewiß, Kinder brauchen unseren Schutz und unsere Hilfe, aber weil uns Erwachsenen mit unserer
Ein- und Weitsicht das Leben so kompliziert und
undurchschaubar vorkommt, neigen wir dazu, Kindern viel zu viel abzunehmen und sie in den falschen Situationen viel zu viel zu behüten.
Das Leben ist eine ständige Herausforderung, aber
wenn das Enkelkind im Sandkasten von seinem
Nachbarn einen Schubs bekommt und auf sein
Heulen alle Mütter und Omis herbeistürzen, im
gerechten Zorn, so lernen der Heuler und sein
Sandkastennachbar nie, sich selber zu befrieden.
Sicher, wenn der mit dem Schubs ein Schläger ist

und vielleicht auch noch älter und schwerer als der Angegriffene und wenn er auch nicht locker läßt, dann muß Hilfe nahen. Aber meist ist die klassische Szene ja kurz: Einer schubst oder haut – ob nun zu recht oder nicht, ist gar nicht so wichtig – und der andere heult. Dann guckt der erste meist mehr verdutzt als wütend, dem zweiten läuft die Nase, und damit hat die Schreierei ein natürliches Ende. Hochziehen und Heulen auf einmal geht nicht so gut. Haben sich jedoch die Erwachsenen zu feindlichen Fronten formiert, müßte ein Kind kein Kind sein, wenn es nicht mit gleicher Leidenschaft mitspielte. Wie unterhaltsam: Einmal heulen, und ein ganzes Erwachsenentheater geht los. Wer hätte das vermutet! Das muß man sich merken: einmal heulen...

Später weiß man, daß solche gut gemeinten Versuche, Frieden zu stiften, den Kindern eigentlich erst zeigen, wie leicht man zum Streit kommt, wie man etwas gefährlich aufbauscht. Wie man den Kindern die Chance nimmt, etwas selber zu tun, die Sache mit dem Schubs zum Beispiel gar nicht so wichtig zu nehmen, sondern gleich wieder weiter zu spielen. Was war der Schubser denn? Doch kaum schon persönlich gemeint, eher die Geste eines kleinen Menschen, der noch ohne Wörter auskommt und sagen will: Du – rück mir nicht auf die Pelle! Oder ähnliches. Und der Heuler? Ein oder zwei Jahre später würde das Kind sagen: »He, was bildest du dir ein! Hier sitz nämlich ich!« Aber so logische und so lange Sätze kann das Kind jetzt noch nicht bilden, nicht einmal denken und aussprechen, und deshalb heult es, und das andere Kind versteht den Heuler, und damit wäre das Zwiegespräch in der Sandkiste beendet.

Großeltern wissen das, weil sie es hundertmal gesehen haben. Großeltern erkennen in dieser Szene einen sich immer wiederholenden Moment aus der Menschheitsgeschichte. Wie dünn wären unsere Geschichtsbücher, wenn sich beim Schubs und beim Heulen nicht sofort und immer wieder andere eingemischt hätten.

8. Kapitel

Ordnung und Bauklotze

Nun also ein Wort zur Ordnung, einem Begriff, der in den letzten Jahren so gebeutelt worden ist, daß man schon deshalb darüber nachdenken sollte.

Mein Vater war ordentlich. Er legte seine Hemden zu einem schönen, gleichförmigen Stapel so aufeinander, daß Kante auf Kante kam. Der Grund war praktischer Natur. Er wollte erstens den raschen Überblick haben und zweitens sicher sein, daß er ein glattes unverwurschteltes Hemd erwischte, wenn es ihn ausgerechnet nach dem untersten des Stapels gelüstete.

Mir wurde im Reichsarbeitsdienst eine ähnliche Ordnung anbefohlen: Jeder Artikel hatte, gefaltet, seine Sollbreite, und wenn etwa eine einzige Schürze 29 cm statt 30 cm breit gefaltet und gestapelt worden war, riß die Führerin beim Spindappell alles aus den Fächern, und man kniete stumm auf den Boden und las alles wieder auf und faltete es neu. Ordnung als Vorwand für Schikane.

Meine Großtante war ordentlich, weil sie den An-
blick schön versorgter Dinge liebte. Es machte ihr
Freude, den Wäscheschrank zu öffnen, der dann
den Duft des Lavendels entließ. Lavendelsäck-
chen, aus Stoffresten genäht, lagen auf den Kopfkissen und Bettlaken, die Fächer waren mit Blüm-
chenpapier ausgeschlagen, und alle Farben klan-
gen zu einem Bild zusammen.

Mein Sohn war ordentlich, weil er auf Klassen- und
Paddelfahrten so viele Dinge brauchte und auch
zur Not im dunklen Zelt an Klebepflaster oder seine
Taschenlampe kommen wollte, ohne lange kramen
zu müssen. So gab er jedem Ding in den acht oder
zehn Seiten- und Außentaschen seines Rucksacks
immer denselben Platz, zuoberst Kompaß und
Streichhölzer, drunter die Ersatzbrille, auf gleicher
Höhe, andere Seite, Schweizer Messer und Karten-
spiel, na, und so weiter. Keiner hatte ihm aufgetra-
gen, »an alles zu denken«. Er hatte sich selber im
Kopf seinen Plan gemacht und seine Fahrtenord-
nung geschaffen. »Wie kann ein Junge nur so ordentlich sein, der zu Hause immer ein Chaos hin-
terläßt?« sagte seine Großmutter, als sie zum ersten
Mal so einen Ferienrucksack sah.

Sie dachte wohl daran, wie das Kinderzimmer aus-
gesehen hat, wenn die Kinder darin spielten: Dort
stand ein ehemaliger Schreibtisch meiner Großmutter, die Platte dick mit Tüchern vermummelt
als Wickeltisch, die Schubladen aber und die Züge

hinter den Türen nun als Spielzeugschrank einge-
richtet. In den Laden lagen Klötze und Würfel und
Bausteine, in den Zügen schliefen Hasen, Bären,
Kasperpuppen und Kater zwischen Krimskrams
und Puppenkissen. Ein Großtanten-Paket mit
Döschen und Dosen stand unter dem Schreibtisch.
Das Zimmer war groß und hatte einen blanken
Dielenboden, und wenn mein Ältester, vielleicht
eineinhalb Jahre alt, aufwachte, krabbelte er aus
dem Bett und begann mit dem Eifer eines Akkord-
arbeiters, alles aus Laden und Zügen zu räumen
und auf dem Fußboden zu verteilen. Wenn der
Schreibtisch bis zum letzten Fitzelchen leer war,
begann die Feinarbeit. Die Sachen wurden hin-
und hergeräumt, verschoben, gestapelt und gerollt,
und dann kamen die Schachteln und Schächtelchen und Dosen an die Reihe, wurden zügig, aber
ohne Hast auseinandergezogen und nach des Kindes unerforschlichen Plan zu den anderen Dingen
geordnet. Störungen wie Frühstück oder Topf ließ
er stumm über sich ergehen, strampelte sich aber,
wenn er wieder zu Kräften gekommen war, ener-
gisch frei und arbeitete weiter. Gegen Mittag war er
zerrauft und erschöpft, aber offensichtlich zufrieden und verlor jegliches Interesse an seinem Werk.
Anderthalb Jahrzehnte später fragte dieser Junge:
»Was ist der Sinn des Lebens? Ich muß es wissen!
Wie soll ich mich sonst entscheiden? Wie kann ich
mich sonst entscheiden?«

Er hatte die Antwort auf seine Frage gekannt, als er noch durch seine Tage krabbelte. Er hatte seinen Sachen, seinem Dasein, Sinn verliehen. Ich weiß nicht, was für ein Sinn das war, und er hatte es vergessen. Hätte ich es ihm nun sagen müssen? Hätte ich das gekonnt? Jetzt sitzt die nächste Generation zu meinen Füßen, krabbelt durch die Stuben, hebt das mit Vorbedacht in den Weg gelegte Glöckchen auf und läßt es klingeln und strahlt über den feinen zarten Ton.

Diese kleine Hand, diese weiche Wange, dieser wirklich strahlende Blick, dieses Vertrauen, mit dem er sich auf mich richtet und auf die ganze Welt, weil bisher alles gut war und auch von mir nur Gutes zu erwarten war, so etwas wie ein Glöckchen, das klingt, oder eine Wackelente, die läuft, oder ein Bilderbuch, das so groß ist wie ein Stübchen.

Was hat die Großmutter für einen Sinn? Sie muß sich daran erinnern, wie die eigenen Kinder waren, was sie mochten, worüber sie damals gestrahlt haben. Als die Großmutter noch Mutter war, hielt sie das Erziehen für ihre Pflicht und zog ihre Kinder durch die Tage auf dieses Ziel zu.

Als Großmutter sind ihr Ziele im Vergleich mit dem Kind gleichgültiger. Sie hat erfahren, wie wenig das bewirkt, was wir als Erziehung bezeichnen: die Pläne nach Entwicklungsabschnitten, die Förderprogramme, die Methoden. Sie empfindet es nicht als Pflicht, sondern als Geschenk, sich nun ganz auf das Kind konzentrieren zu können. Und so richtet sie die Truhe mit den alten Tüchern und Hüten zum Verkleiden ein, räumt in den Bücherborden die unteren Reihen um: Bilderbücher in Reichweite der Kinderhand. Sie räumt Gefährliches aus dem Wege, verschließt manche Schränke und Kommoden, besonders in der Küche, damit es keine Scherben, keine Schnitte, kein Lutschen und Kauen an gefährlichen Gegenständen gibt. Sie geht nachdenklich durchs ganze Haus, die ganze Wohnung und erinnert sich an früher und räumt um.

Sie schafft sich eine andere Ordnung, schafft sich und dem Enkelkind wieder eine neue, die dem alten und dem jungen Menschen angemessen ist.

Sie stellt vielleicht »die Wohnung auf den Kopf«, stellt ihr Leben auf den Kopf, wie ihre Freunde mißbilligend bemerken, aber sie macht dem Kind auf die einzige Art und Weise klar, was Ordnung ist: Sie erklärt sie nicht. Sie stellt sie dar, lebt sie vor, macht sie durch die tägliche Wiederholung so begreiflich wie ein Bild.

Ordnung ist ein Reizwort geworden: »Law and order«, Gesetz und Ordnung wurden in den achtziger Jahren die Symbole für das, was man verwarf, weil vermufft, erstarrt, unterdrückerisch. Der Mächtige, gleich ob in Staat oder Kinderzimmer, kann auf Ordnung beharren, auf seine Ordnung, und das nimmt dem Ordnungsopfer nicht nur die eigene Entscheidung über Lebenswert und Lebensstil, es macht sie durchsichtig, verplanbar und nimmt ihnen die Individualität.

Ordnung und Autorität: Wer seine Ordnung aufgerichtet hat, kann Gehorsam und Achtung verlangen, ist eine Autorität. »Auctoritas«, das ist im Lateinischen das Wort für Bürgschaft und Sicherheit, für ein Beispiel, ein Muster, und für Unerschrockenheit, Besonnenheit, sittlichen Ernst, würdevolle Haltung samt der Würde selbst, also Ansehen, Einfluß, Bedeutung, Selbstgefühl und Entschlossenheit.

Das sind viele Wörter und Begriffe, und alle wurzeln im Wort »auctor«. Das ist der Mehrer und Förderer, der Anstifter, Begründer und Ratgeber. Der Gewährsmann, der Meister und Lehrer, auch der Zeuge oder Wortführer.

Manchmal ist es gut, nach dem Wörterbuch zu greifen und sich wieder zu vergewissern, was ein umstrittener Begriff im Grunde bedeutet, auch einer, der plötzlich in Mode geraten und so verzerrt worden ist, daß man eigentlich gar nicht mehr um ihn streiten kann.

Die Erklärungen zur Autorität stammen aus einem lateinisch-deutschen Schullexikon, und wenn man über die einzelnen Wörter nachdenkt, so erkennt man rasch, daß ein Streit nur um den Inhalt ausbrechen kann, der der Lehre, dem Meister ein falsches Ziel verleiht. Eine würdevolle Haltung konnte auch der Aufseher eines KZs angenommen haben, und ohne Macht kommt die nur angemaßte Autorität nicht aus.

Das Nachschlagen im Worterbuch tut erst recht dem Worte Ordnung gut. Seine Quelle ist das lateinische Wort »ordo«, das ursprünglich die Fadenreihe eines Gewebes bezeichnete. Ein technischer Ausdruck also, dessen Sinn bald auf das überging, was ähnlich gleichmäßig in einer Reihe war: die Sitzplätze im Theater zum Beispiel, die Ruderbänke im Schiff, die militärische Ordnung einer Reihe – in Reih und Glied stehen. Und von dort ist es nicht weit zu den höheren und politischen Ordnungen eines Standes oder einer Klasse, eines Ranges oder Mönchsordens.

»Ordo vitae«, die Lebensordnung, ist das Äußerste, was dieses Wort für den einzelnen bedeuten kann, während die Lehre von der Ordnung der Welt seit alters her zu den Gottesbeweisen gehört. Sokrates schließt von der Zweckmäßigkeit und Ordnung der Welt auf ihren allweisen Baumeister.

Ein großes Wort also, zu groß für ein Kind?

Die Ordnung begann in der Hütte, am Webstuhl, bei den Kettfäden, die gleichmäßig gespannt sein müssen, damit das Schiffchen leicht und auch wieder gleichmäßig zwischen ihnen hin- und herfahren kann, damit etwas entsteht: ein Stück Stoff. Die Kinder des Hauses haben vermutlich zugeschaut, sowie sie sehen und krabbeln konnten, haben sicher bald geholfen, die Wolle zu wickeln, die Farben zu ordnen, die Stein-Gewichte an die Fäden zu knüpfen. Sie haben ein Sinnbild entstehen sehen, denn das menschliche Leben wird gern mit den gleichen Bildern beschrieben, das fertige Stück Stoff ist das Leben selbst, das Lebenswerk, das auf der Ordnung aller Fäden beruht.

Was kann man mehr dazu sagen? Im Bild vom Webstuhl der Zeit ist auch Glück und Geißel enthalten: Das Weben kann ebenso eine leidige Fron werden wie eine Herausforderung aller gestalterischen Kräfte.

Doch um vom Erhabenen wieder zum Alltag zurückzukommen: Ohne Ordnung könnte ich, weil alt, und ein Kind, weil jung, gar nicht zurechtkommen. Ich brauche die Ordnung meiner Bücher und Bleistifte und Küchenmesser und Medizinflaschen gegen die simple Vergeßlichkeit. Nur was ich so wie mein Sohn in seinem Rucksack im Dunkeln orten könnte, das finde ich auf den ersten Griff. Unordnung verursacht unnötige und demütigende Sucherei.

Das Kind braucht seine Ordnung, damit es sich in unseren Ordnungen zurechtfinden kann. Wir müssen ihm Ordnung schaffen, weil wir ohne zu zögern von ihm verlangen, daß es auf unsere Art und Weise in unserer Welt lebt. Was ist das, wenn man darüber nachdenkt, für ein unverfrorener Anspruch! Es geschieht uns nur recht, daß uns Geduld abgefordert wird, um einem hilflosen Fremdling das als Ordnung zu empfehlen, was ihm sicher als heilloser Wirrwarr erscheint. Erscheint?

Das wäre das Beste an der gemeinsamen Annäherung an Ordnung: Daß wir Alten dabei gleichzeitig Großreinemachen veranstalten und uns von altem Gerümpel trennen, von Gedanken, Vorstellungen und Vorurteilen, um es den Kindern leichter zu machen, um uns aber auch selber zu erleichtern. Wer alt geworden ist, kann es sich wieder leisten, auf alle möglichen Rüschen und Eitelkeiten zu verzichten. Und wie gut, wenn es wahrnehmbar wird: Klarheit der Lebensordnung macht es dem Kinde leichter, das zu erkennen, was wirklich sinnvoll ist.

9. Kapitel

Band, Bild und Schnuller

Es gibt Dinge, die kann ich kaum ertragen. Mir wird ganz elend, wenn ich sehe, wie die jungen Leute ihre Kinder zustöpseln: Sowie das Kind quengelig wird – Schnuller aus der Plastiktüte und schlups, in den kleinen Kindermund. Früher steckte man – wenn überhaupt! – dem Säugling einen Schnuller zwischen die Lippen, damit er einschlief und zog ihn dann wieder sachte heraus. Heute marschieren die kleinen Damen und Herren auf festen sicheren Füßen durch Haus und Stadt und sehen aus wie zugelötet. Wie soll diesen Kindern, wenn sie einmal erwachsen sind, denn ein Wort aus dem Munde kommen können? Wie sollen sie denn lernen, ihr Gefühl, ihre Eindrücke von der Welt in Wörter zu kleiden? Wie sollen sie ihren Gedanken zu äußern lernen, ihren Wortschatz erringen, ihr Hirn üben? Ach, und kaum ist der Hirnkasten groß und breit genug, so stülpen die Eltern dem Kind den Bügel mit den Ohrhörern über. Verrammelt also auch dieses Sinnesorgan.

71

Verstopft der Kopf für Antwort und Zusage, fürs Gespräch, für leise spontane Laute der Liebe, der Überraschung, des Schrecks. Verschlossen der Mund und das Ohr, und wenn kein Schnuller bei der Hand ist, werden Kekse in den lebensbegierigen Mund gestopft, daß es schmiert und krümelt, und die Geräusche der Welt werden ersetzt durch das blöde Getöse und Geplapper eines künstlichen Getöns.

Ein autistisch gemachtes Kind, nicht aus Not, sondern – ja – aus Liebe? Aus Bequemlichkeit? Dummheit? Sicher, es ist mühsam, in diesen gewissen Jahren tagaus und tagein die Fragen der Kinder zu hören und gar auch noch beantworten zu müssen. »Das ist so unter meinem geistigen Niveau!« klagte eine junge Frau in einem Brief an mich.

Na, aber was stellt sie sich denn unter einem Kind vor? Einen Einstein in Windeln? Sollen wir fertige Sokratesse gebären, kluge Kerlchen, die uns mehr und besser unterhalten als die Kommentatoren im Fernsehen (– wozu allerdings nicht viel gehört)?

Mit jedem Kind fängt die Welt von vorne an, aber ist das nicht in Wirklichkeit weit über dem Niveau der jungen Frau? Vielleicht so hoch, daß sie es mit den eigenen geschwächten Sinnen schon gar nicht mehr erkennen kann? Im Kind steckt das ganze Leben, und das will hinaus, ans Licht, zu uns und vielleicht viel weiter. Wer zustöpselt, erstickt. Wer es sich bequem macht, verletzt seine Pflicht. Wer ausweicht, läßt sein Kind allein, totenallein in einer tauben, stummen, leeren Welt. Und wem das alles zu mühsam ist, der sollte das Kinderkriegen lassen. Frauen haben ja heute die Wahl, aber dann darf sich keiner beklagen, wenn es von allen Seiten nachdrängt in unser warmes, bequemes, kinderloses Nest, in dem die Großmütter allein im Sessel im Altersheim sitzen und schweigend in den schön gepflegten Park schauen. Oder auch in die Kunstwelt aus elektronischen Impulsen.

Was ist heute noch eine Großmutter? Unter anderem jedenfalls ein Mensch, der noch ohne dieses Fernsehen aufgewachsen ist. Ein lebendiger Beweis dafür, daß man das Fernsehen eigentlich gar nicht braucht.

Und was ist das Fernsehen? Die Kassette? Der Computer und die anderen Geräte, mit Elektrizität angetrieben, die Töne, Bilder und Zeichen von sich geben? Tote Gegenstände, über die mehr Bücher und Artikel geschrieben worden sind als über lebendige Großmütter. Schon das ist merkwürdig.

Noch merkwürdiger natürlich, daß sich zwar fast alle theoretisch darüber im klaren sind, wie wichtig Spielen und körperliche Bewegung für Kinder sind, viel wichtiger und förderlicher als Fernsehen, daß aber auf den Vorschlag: »So stellt doch den Apparat gar nicht erst an!« stets der allgemeine Aufschrei folgt: »Das ist unmöglich!«

Wirklich? Eigentlich brauchte man nur auf die

Aus-Taste oder noch besser, gar nicht erst auf die Ein-Taste zu drücken. Und zweitens: Warum? Warum wäre das unmöglich? Weil sich die junge Mutter mit dem Brief sonst selber zu Tode langweilte? Wie steht es in dieser Hinsicht mit dem geistigen Niveau?

Nein, ich will gewiß nicht mit Wörtern spielen. Ich möchte nur zumindest allen Großmüttern klarmachen, daß es nicht um das Können geht, sondern um das Wollen. Die meisten Menschen wollen das Fernsehen gar nicht abschalten. Sie legen sich an die optische Strippe, sowie sie den Schnuller aus dem Mund haben, sowie das Programm beginnt, und wenn Kinder im Haus sind – was hält die kleinen Schätze besser still als das elektronische Kindermädchen? Als die Kopfhörer, die man ihnen an einem Bügelchen über die Ohren klemmt? Das ergibt ein garantiert geräuschloses und pflegeleichtes Kind, dem man höchstens gelegentlich das Band in der Kassette oder den Zellstoff in der Windelhose auswechseln muß.

Kinder, sagen die Fachleute, singen nicht mehr und spielen manche Spiele gar nicht mehr, weil sie an eine Perfektion der Fernsehprofis gewöhnt sind, die ihnen nur Lust auf andere, noch tollere Shows und Videoclips macht, nicht aber auf eigene Formen des Ausdrucks.

Also was? »Omi knips den Kasten aus!«?

Ganz ohne Fernsehen geht's natürlich auch nicht.

Die beiden Hamburger Erziehungswissenschaftler Tausch hatten ihre Kinder fernsehfrei aufwachsen lassen. Als diese Kinder jedoch in die Schule kamen, haben die Eltern ihnen einen Schnellkurs in Fernsehkonsum verpaßt, weil sie feststellten, daß die Kinder nicht mitreden konnten. Fernsehkinder haben einen Sprach- und Vorstellungsschatz, der so vom jeweiligen Werbe- oder Videoangebot geprägt ist, daß sie wie die Affen der jeweiligen Mode kreischen, schießen, sich benennen und verhalten.

Wem es widerstrebt, sein eigen Fleisch und Blut in die Horde dieser kleinen Affen einzureihen, wer darüber hinaus findet, daß wir unsere fünf Sinne und vor allem den Verstand zu einem gewissen Zweck erhalten haben, und wer weiß, wie bitter nötig unsere Enkel sie eines Tages brauchen werden, der wird sich überlegen müssen, wie er aus diesem Dilemma herausfindet.

Als Mutter, in diesen relativ jungen Jahren, habe ich noch daran geglaubt, man könne das Problem mit der Vernunft lösen, um die es ja im Tiefsten geht. Man brauche also die Mit-Mütter in Nachbarschaft, Kindergarten und Schule nur aufzuklären. Brauche mit ihnen nur eine kluge Übereinkunft zu treffen und damit wenigstens in der eigenen Umgebung, der Straße, der Schule der Kinder eine Konvention dieser Vernunft zu schaffen. Ich habe auf diese Weise viele Stunden und Tage meines Lebens vertan. Aber habe ich diese Tage auch vergeudet?

Das eben fragt man sich, wenn man im Großmutteralter steht. Hat es einen Sinn gehabt, in einer Welt, die sich freiwillig aufgibt, gegen diese Abhängigkeit zu reden, zu handeln, zu argumentieren?

Man blickt also nachdenklich zurück. Wo sind meine Spuren? Und man schaut auf die Kinder, auf die nächste Generation. Wie verhalten sie sich vor der Glotze?

Mir ist zum ersten Mal klar geworden, wie Fernsehbilder auf Kinder wirken, als ich meinen erlaubte, die amerikanische »Flipper«-Serie zu sehen, in der erwachsenen Annahme, es handele sich um einen Tierfilm mit einem netten Delphin samt zwei netten Kindern und einem netten Vater, noch nicht in verführerischer Farbe, sondern im schlichten Schwarzweiß. Harmlos also, und daß der Delphin stets klüger ist als alle Menschen, vor allem als alle Erwachsenen – na, das kann einem Kind doch nur Mut machen, wie?

Außerdem befolgten wir – Mutter, Großmutter, Urgroßmutter – die weise pädagogische Regel, Kinder vorm Fernsehschirm nie allein zu lassen, so daß wir sofort hätten ausknipsen oder dazwischenreden oder was weiß ich machen können, wenn die Sache unserer Ansicht nach mulmig würde.

Dieses fabelhafte Konzept erwies sich jedoch als vollkommen unzureichend. Erstens gab es auf der

Seite der Guten nur saubere Moral im Rahmen von Gesetz und Ordnung. Zweitens waren die Böse- wichte kaum ärger als der Teufel im Kasperltheater (und ebenso leicht durch Kleidung und grimmige Miene zu erkennen) und drittens fürchteten sich die Kinder an ganz anderen Stellen, dafür dann aber so leidenschaftlich, daß es mich stutzig machte: Wenn Flipper, der Delphin, mutterseelen- allein durch den Ozean sauste, wenn einer der braven Buben mutterseelenallein am Strand ent- lang oder durch Wald oder Sumpf lief, weg vom Betrachter, in eine unbekannte Ferne, vielleicht Gefahr, da klammerte sich mein jüngstes Kind stumm und mit einer Heftigkeit an mich, die es sonst nie zeigte. Und das ältere, das uns längst nicht mehr auf dem Schoß saß, kletterte mit seinen lan- gen Gliedern wie ein Verfolgter auf diesen sicheren Platz zurück oder schmiegte sich so eng an Mutter oder Großmutter oder Urgroßmutter wie einst »als ich noch klein war«.

Das war der Schrecken vor dem Nichts, vor der Leere der Welt, vor dem unbehüteten Leben, das ihnen die bewegten Bilder schrecklicher beschwo- ren als jedes Wort. Und diese Angst vor dem unbe- kannten Grauen, vorm Elend der Verlassenheit ist schlimm für ein Kind. So schlimm, daß sie alles zerstört und in Frage stellen kann, was ich mit meinen Kindern leben und erleben will. Vielleicht schlimmer als das offensichtlich Schlimme: Die zy-

nische Heiterkeit, mit der in anderen netten Kin-
derfilmen ein Kater eine Maus oder ein Bär einen
Kater immer wieder platt wie einen Pfannkuchen
klopft, von Klippen stößt, durch die Mangel dreht,
röstet, perforiert, verbrennt, in die Luft sprengt,
hahaha, ist das nicht komisch? Und bin ich nicht
ein humorloser Spielverderber, wenn ich sage:
Nein! Ich will nicht, daß meine Kinder und Enkel es
auch nur zum Spaß ulkig finden, wenn jemand ein
anderes Lebewesen verbrennt, verkohlt, verprü-
gelt. Ich will erst recht nicht, daß einem Kind, das
bei diesen Gewalttaten vielleicht zuerst noch er-
schauert, jedes Gefühl des Mitleidens, des Erbar-
mens, der Rücksicht dadurch ausgetrieben wird,
daß es sieht, wie die Erwachsenen diese Prügel
billigen. Wie sie schmunzeln oder grölen vor Vergnügen: »Sieh doch! Da gibt er's ihm wieder!
Haut'se, haut'se, immer auf die Schnauze!«
Wer hat das Recht zu schlagen? Wie kommt eine
Gesellschaft ohne das Gewissen ihrer Bürger aus?
Und schon sind wir bei diesen beliebten Western-
krimis, in denen die Guten scharenweise die Bösen
jagen und natürlich immer erwischen und ebenso
natürlich entweder so plattprügeln wie der Kater
seine Maus oder einfach abknallen. Pfft – pustet
einer auf den heißen Pistolenlauf, wieder ein Ver-
brecher gekillt, wieder jemand der gerechten Strafe
zugeführt!
Und wenn das Kind – und wir alle samt unsern

Enkeln – Pech haben, so lacht der Vater oder die Mutter befriedigt und fragt: »Das hat er auch verdient! So müßte man mit allen umspringen können, die sich nicht belehren lassen! Gar nicht lange fackeln – weg damit!«

Wer darf schießen? Wer darf sich zum Richter über Leben und Tod aufschwingen? Wer hat Recht? Wo bleibt die Reue, die Buße, die Umkehr?

»Peng, peng, und du bist tot!« Ach, es ist doch nur ein Spiel, sagen die Erwachsenen, wer nimmt das denn ernst?

Kinder sehen, daß und wie die Erwachsenen das Fernsehen ernst nehmen. Daß sie glauben, was gesagt und gezeigt wird, weil sie wie die Kinder meinen, ein Foto sei ein Foto, von der Wirklichkeit abfotografiert. Wie kann das denn falsch sein? Verlogen? »Ich hab doch genau gesehen, wie er das und jenes gesagt, getan, nicht getan hat . . .«

Ja, genau das wollen die Leute erreichen, die sich der Elemente des Authentischen bedienen und die aus lauter Stückelchen der Wahrheit ein großes falsches Lügengemälde zusammenflicken. Ich aber will nicht, daß meine Kinder darauf hereinfallen.

Kann ich es verhindern? Ich kann es versuchen. Ich kann ihnen erklären: Alle Kinder in eurer Klasse schauen sich diese Serie an. Die dauert jeden Tag dreißig oder fünfundvierzig Minuten. Ich will euch sagen: Wer in dieser kurzen Zeit eine Geschichte mit Knall und Fall und einem richtigen Ende erzählen will, der kann es eigentlich nur wie ein Kasperltheater machen. Immer dieselben Typen, die immer dasselbe sagen und tun und zum Schluß den Bösewicht erwischen. Schaut es euch zwei- oder dreimal an – ihr werdet sehen: immer dasselbe. Wenn man eine Folge kennt, kennt man alle, und ihr braucht euch nicht jeden Tag dreißig oder vierzig Minuten von eurer kostbaren Lebenszeit stehlen zu lassen.

Hat es etwas genützt? Was hätte es denn nützen können oder sollen? Ich will mich eigentlich nur nicht zu einem Objekt machen lassen. Zu einem Anhängsel einer Sache aus etwas Glas, ein paar Drähten und Metallstücken und gelöteten Stellen. Ich will mir meine Zeit selber einteilen. Und ich möchte, daß auch meine Enkel sich noch in den ohnehin so engen Grenzen eine Art von Freiheit bewahren.

Und daß sie wissen werden, was sie tun, wenn sie sich später einen Krimi reinziehen – so wie ich, immer in der irren Hoffnung, er könne ein bißchen besser sein als der von voriger Woche.

Nein? Ist er wieder nichts? Na, dann knips ich eben aus und lese was. Oder schreibe meinen Enkeln einen Brief.

10. Kapitel

Zukunft

Alle Erwachsenen saßen zusammen und schwatzten und rauchten. Ein Kind war dabei, ein Söhnchen, ein Enkel, und es schmuste sich eine Weile so durch, sagte: »Mama, auf den Arm!«, und als Mama abwinkte: »Papa, Schoß!«, und als er sich entzog und auch Opa keine Anstalten zu Huckepack oder Engelchenfliegen machte, wälzte sich das Kind auf den Rücken am Boden und jammerte: »Mir ist so eeeeklig!«

Sofort hatte es alles, was es wollte: Mutter hob auf und klopfte ab. Vater lachte es verständnisinnig an: »Ja ja, mir ist auch schon lange fad! Gott sei Dank, daß es einer sagt!«, und Opa machte mit seinen Händen Himpelchen und Pimpelchen. Das Kind lachte. Das Kind jammerte nicht mehr. Das Kind war mit seinem Leben einverstanden, und die Erwachsenen betrachteten es liebevoll.

Ein Augenblick des Glücks, der Übereinstimmung. Erfüllte Wünsche, gestillte Bedürfnisse, die Welt in der Schwebe.

Aber das ist sie eigentlich ganz und gar nicht. Wenn ich den wahren Zustand der Welt betrachte, könnte ich verzweifeln. Einmal bin ich, vor Jahren schon, an den Ort zurückgekehrt, an dem ich so glückliche Kinderjahre verlebte wie nie wieder. Ein kleiner Ort, in eine Flußschleife geschmiegt, von burgengekrönten Bergen umgeben und von einer Stadtmauer aus Schiefergestein umschlossen, in deren Türmen, hinter hölzernen Türen, die Leute ihre alten Eimer und Tische und Schaufeln aufbewahrten. Aber das Wort Hexenturm war stärker, und so anmutig das Schloß auch mitten in der Stadt, zwischen Gärtnerei und Rathaus, lag, einst hatten die Herren oben auf dem Berg in den Hallen gehaust, in deren Ruinen wir umherkletterten und Brombeeren pflückten, und in einem Winkel wehte es immer noch kalt aus der Tiefe. Der Kerker. Das Verlies. Und unten in der Stadt der Hexenturm. Wir hatten etwas zum gruseln.
Ich kannte jeden Menschen, jedes Haus, jeden Garten. Ich fand alles schön und wußte nicht, daß es wirklich schön war. Der Gärtner ließ den weißfleischigen Pfirsich bis zum ersten Tag meiner Sommerferien warten, und so begannen sie: mit einer duftenden reifen Frucht am Baum und mit einer Rose, die der alte Mann mir überreichte, frisch geschnitten und mit einem Tropfen Tau zwischen den Blättern. Ich räumte ihm dafür den Schuppen auf. Ich lief zum Fluß, schwamm mit

meinen Freunden im grünen Wasser, auf dem der Schatten des Berges lag. Ich trödelte mit ihnen beim Eismann herum, der im Sommer seinen Pavillon vor der Kettenbrücke öffnete, und erfuhr alle Neuigkeiten seit den vorigen Sommerferien. Ich pflückte einen Strauß am Ufer, neben den Bleichwiesen, ach, ich kenne den Namen der Blumen und Kräuter schon gar nicht mehr, die dort in Hülle und Fülle wuchsen und blühten.

Dann kam der Krieg. In seinen letzten Wochen fielen zwei oder drei Bombenteppiche auf Stadt und Fluß und Berg, rissen einen neuen Hang in seine Flanke, rissen die Flußböschung ab, zerstörten die Stadt, und durch die rauchenden Trümmer zogen die letzten deutschen Einheiten und sprengten die Brücken, Kettenbrücke und Eisenbahnbrücken und alte gemauerte Brücken aus dem Mittelalter, die in den Seitentälern über die Bäche führten.

Und dann, zwei oder drei Jahrzehnte später, dachte ich: Einmal muß ich diesen Ort meinen Kindern zeigen, und wir fuhren dort hin. Unterdessen sind die Hügel und Wälder durch die Autobahn zerschnitten, aber man muß noch immer auf der alten Landstraße ein Stück am Fluß entlangfahren, am Judenfriedhof vorbei, und dann macht die Straße eine Biegung, und man hat den vollen Blick auf Burgberg und Fluß und Stadt.

Der Judenfriedhof war überwuchert. An einer Seite

lag der Zaun in der Wiese, von den Steinen war nichts zu sehen. Die Kuppe des Berges war zu einem großen Parkplatz planiert und in den Bergwald eine Schneise geschlagen für eine breite Auffahrt. Die Burg war renoviert, die silbrigen Schiefersteine des Turms mit hellem Zement glattgestrichen, an seine Zinnen kleine Türmchen geklebt, von denen Reklamewimpelchen flatterten. Der Fluß war dunkel, trieb Blasen. Die Badeanstalt war verschwunden. Am Ufer wuchs nichts mehr. Eine Fabrikanlage und Felder reichten bis zum Wasser. Auf dem ehemaligen Holzlager standen dicht an dicht Campingwagen mit Zäunen und Geranien und Rasenmatten aus Plastik. Der Eispavillon war abgerissen und durch eine Frittenbude ersetzt. Die Promenade am Fluß, mit Bänken und Blumen und Musiktempelchen, war verschwunden, das Areal verwildert. Und die Stadt – ich erkannte nicht einmal den Verlauf der alten Straßen wieder. Selbstbedienungshallen und Tankstellen und Imbißketten hatten die ehemaligen Ordnungen von Bäcker, Fleischer, Feinkost und Blumenladen nicht wieder aufkommen lassen, und Häuser waren rasch und lieblos dort hingestellt, wo es sich wohl in der ersten Zeit zwischen den Trümmern am leichtesten bauen ließ.

Ich habe mich auf die Wiese am Fluß gestellt, auf der früher Glockenblumen und Kuckuckslichtnelken, Kamille und Taubenkropf, Schafsgarbe und

Skabiose, Bocksklee und Dotterblumen und Männertreu und Johanniskraut blühten, habe auf das leere Grün geschaut, und dann sind wir wieder fortgefahren. Ich hatte den Kindern nichts zu erzählen. Ich werde den Enkeln nichts erzählen können.

Was hätte ich überhaupt zu erzählen? Ich hatte, als ich jung war, manche Pläne, und wenn ich nachlese, was allein in den Jahren 1945 und 1946 an der Universität Göttingen gedacht und gedruckt wurde, so hatten viele ihre Pläne. Was ist daraus geworden? Damals hatten wir die Trümmer um uns herum. Jetzt reichen sie bis zu den Sternen, und wenn sich nichts mehr ändern läßt, wie uns die Fachleute immer wieder und nicht ohne Vorwurf zu wissen geben, so muß ich damit rechnen, daß meinen Enkeln die Luft ausgeht.

Wie stehe ich also da? Und was soll ich meinen Kindern eigentlich raten? Ich weiß doch, daß es nichts nützt, was ich auch sage und wie sehr es mir in den Fingern juckt, zumindest über meine kleine Familie den Schirm im kosmischen Hagel der Strahlen und in sauren Regenstürmen aufzuspannen.

Was soll ich sagen? Vielleicht das, was auf einer römischen Stele steht? Non fui. Fui. Non sum. Non curo: Ich bin nicht gewesen. Ich bin gewesen. Ich bin nicht (mehr). Ich sorge mich nicht.

Ich gehe unterdessen über fremde Wiesen, durch

die Wälder meines Alters, und wenn ich die Wege meide, die asphaltiert und von zerknüllten Papiertaschentuchern und leeren Bier- und Saftdosen gesäumt sind, gibt es Augenblicke, in denen alles wie früher aussieht. Gibt es Stunden der Stille, in denen man durch einen Bergsee schwimmen und sich vorstellen kann, die Erde sei noch jung und man selbst der erste Mensch, der zwischen Haubentauchern und flinken Fischen zu den Tannen der Halbinsel da drüben durch das klare Wasser gleitet.

Und dann geht man mit einem Kind, einem Kind unserer Kinder durch die gegenwärtige Welt, die sich schon allein dadurch veränderte, daß sich im Laufe unseres Jahrhunderts unsere Zahl verdoppelt hat. Aber diese Tatsache und ihre Folgen ist dem Kind an meiner Hand gleichgültig. Jedes Kind nimmt seine Welt so, wie sie ist. Es kennt noch keine Zweifel. Es kennt weder meine Trauer, noch weiß es, daß es mir jeden Morgen schwerer fällt, mich wieder zur Hoffnung zu entscheiden. Es fragt noch lange nicht nach dem Sinn des Lebens, weil es sich selbst genug ist: Sein Leben ist ihm sein Sinn. Dieses Leben beginnt wahrhaftig mit dem ersten Augenblick des Kindes, und aus dem, was es wahrnimmt, wird sich seine Zukunft ergeben. Ich werde es nicht vor Verzweiflung retten können, vor keiner Zerrissenheit. Ich kann ihm höchstens zeigen, wie man die Schmerzen und die Qual erträgt.

Nein, ich kann keinen Schirm aufspannen, aber ich kann die Hand des Kindes nehmen und kann es begleiten. Kein Neuanfang, ein Anfang. Was daraus werden wird, kann nicht mehr meine Sorge sein. Ich werde trotzdem beschenkt und darf, wenn ich von mir absehe, noch einmal die Unschuld und das Entzücken verfolgen, die Freude an dem, was ist. Vielleicht kann ich doch dafür sorgen, wer weiß wie, daß diese Freude eine Weile anhält, wer weiß, wie lang.

11. KAPITEL

Die Familie

Kein Kind kann sich seine Familie aussuchen, und auch Großmütter müssen die Enkel so nehmen, wie sie ihnen in die Arme gelegt werden. Ganz der Vater? »Sieh da, genau diese Art, den Kopf so abzuwenden wie du, so trotzig! Na, mit dem wirst du noch deine Freude haben!«

Familie als Gefängnis, als Last und Fluch? Gott sei Dank braucht ein Kind seine Zeit, ehe es versteht, was es mit dem Begriff Familie überhaupt auf sich hat.

Mein Onkel saß als Kind, vielleicht sechs Jahre alt, seiner Tante im Zugabteil gegenüber. Er hatte sie offenbar zum ersten Mal so lange und so direkt sich gegenüber, hatte also Zeit und Muße, sie gründlich zu betrachten und über sie nachzudenken. Schließlich fragte er: »Sag mal, Tante Frieda, wie sind wir eigentlich verwandt?«

Diese Geschichte ist hundertmal in der Familie erzählt worden. Die Erwachsenen haben hundertmal darüber gelacht, und ich habe mich, schon als ich selber noch ein Kind war, davon unangenehm berührt gefühlt. Denn schließlich: Die Tante war schon gute vierzig Jahre vor dem kleinen Jungen auf der Welt, und wie hätte er wissen sollen, daß sie die Schwester seiner Mutter war? Es hatte ihm noch keiner gesagt. Alle hatten es als so bekannt vorausgesetzt, daß man es gar nicht der Erwähnung wert gefunden hatte.

Ist das, nebenbei bemerkt, nicht die Ursituation des Kindes in unserer Gesellschaft? Die Quelle so vieler Mißverständnisse, so vieler Ungeduld? Absolut überflüssiger Ungeduld dem Kinde gegenüber?

Jedenfalls, man muß auch Familie lernen und kennenlernen. Nicht nur, daß die Geschwister der Eltern die einzigen echten Onkel und Tanten sind, die es gibt, daß sich aber Freunde der Eltern, Nenn-Onkel und Nenn-Tanten, manchmal mehr und herzlicher um einen kümmern als echte. Man muß vor allem von Kindesbeinen an lernen, mit der Familie umzugehen. Die einzelnen Familienmitglieder sind mit einem verwandt, einem aber trotzdem oft fremd. Das Kind wächst also in Verpflichtungen und eingebildete Verpflichtungen hinein, die es von selbst nicht übernommen hätte. Es gerät in Beziehungen, die ihm nichts bedeuten. Was ist für ein Kind in Berlin eine Großmutter, die in London oder Lüneburg lebt? Vielleicht tritt sie als Oma Lüneburg in die Familiengeschichte ein, ansonsten bleibt sie ein Wort, wird erst lebendig, wenn sie das Enkelkind besucht oder zu sich einlädt.

Die erste Begegnung zwischen meinem Ältesten, knapp drei Jahre alt, und seiner Großmutter aus Wien verlief so: Sie hatte eine überkindergroße Aufblasfigur mitgebracht, einen komischen Kerl oder ein Tier, das habe ich vergessen. Sie trug es vor sich her, man sah also nur das wackelnde bunte Ding. Daß sich dahinter eine zierliche Großmama verbarg, war kaum zu erkennen, erst recht nicht für das Kind, das sich mit einem Schrei des Entzückens auf das Aufblasding stürzte, es an einem Bein packte, an sich riß und mit funkelnden Augen und ohne einen einzigen Blick auf die Großeltern davonschleppte. Das war nicht weiter verwunderlich, aber trotzdem war die Großmutter gekränkt, während das Kind das Spiel mit dem Gummimonster rasch leid war und es sich an die Entdeckung seiner Großeltern machte. Gut, wenn in so einem Fall die Erwachsenen zu der Sorte Menschen gehören, die genau wissen, daß Kinder anders reagieren als sie, auch unberechenbarer.

Ist das nicht der Fall, nimmt der Erwachsene irrtümlich übel, so kommen Familienlegenden auf: Das Kind, das eine Gummipuppe seinen eigenen Großeltern vorzog. Das Kind, das seinen eigenen Großvater gebissen hat. Das Kind, das ihm nicht zum 60. Geburtstag gratulierte – weil es nämlich im Wohnzimmer des geliebten Großvaters an diesem

Jubeltag so viele Blumengestecke und andere hochinteressante Dinge entdeckte, die es noch nie in seinem vierjährigen Leben gesehen hatte, daß es keine Zeit an den wohlbekannten Großpapa verschwendete, sondern sich gleich an die Erforschung dieser unbekannten Gegenstände machte.

Gut also erst recht, wenn sich möglichst viele Mitglieder einer Familie noch daran erinnern, daß Kinder eine andere Wertordnung als wir besitzen und sich mit ihren wachen und lebenshungrigen Sinnen und Geisteskräften direkt und unumwunden auf das richten, was ihnen am bemerkenswertesten erscheint. So können rote Schnürsenkel an Tantenstiefeln bemerkenswerter erscheinen als diese Tante selbst. Gescheite Tanten amüsiert das.

Familie ist etwas unbeschreiblich Komplexes. Keine Familie gleicht der anderen, und dennoch gibt es allgemeine Muster, und auch allgemeine Manifestationen: Das ist das Haus, das dein Großvater gebaut hat. Du sitzt in dem Sessel, der deiner Omi gehört hat. Ich schlafe in dem Bett, das von deinem Ururgroßvater stammt. Sei vorsichtig mit diesem Tischchen, das sollst du noch einmal erben!

Das ist die Dimension der Zeit, ist beides zugleich: Vergänglichkeit und Unvergänglichkeit. Das bringt dem Einzelnen, dem Kind, das rechte Maß bei, aber es nimmt ihm nicht nur die Idee, unvergleichbar und einzigartig zu sein, es schenkt ihm dafür das Gefühl, im Kreis von Verwandten aufgehoben zu sein.

Zu jeder Familie gehören Kästen oder Alben mit Fotos, und in allen Kästen und Alben stecken Geschichten über Geschichten. Ach, guck mal, so viele Haare hatte Opapa bei seiner Hochzeit! Was, das war Tante Bienchen? So dünn ist sie mal gewesen? Und das da – war das ein Auto? Hat euch das gehört? Wie ist man damit gefahren? Nicht mehr als 30 Stundenkilometer?

Unglaublich, wenn man erzählt, daß es in Uromas Haus, das so hübsch aussieht auf dem Foto, keine Badezimmer gab und ein Klo auf halber Treppe (Was ist das?) und einen Herd, den man mit Holz heizte oder mit einem Brikett. Unglauben, daß die Dame mit dem Riesenhut nicht zum Fasching ging, sondern vermutlich auf den Wochenmarkt.

»Das gefällt mir«, sagte ein kleiner Junge beim Betrachten von Kinderbildern seiner Eltern, »da sieht man, daß Vati auch die Socken immer runtergerutscht sind. Und daß die Eltern auch jemandem haben gehorchen müssen. Ihren Eltern.«

Früher gab es das Elternhaus, durch das die Generationen kamen und gingen. Jeder ließ eine Spur zurück, und wenn es nur die des Taschenmessers in einem Türbalken war: ein Schnitt, eine Kerbe und daneben: »Carl, 10. März 1890«. Welcher Carl mag das gewesen sein, der an einem 10. März vor vielen Jahren an dieser Tür gemessen wurde?

Im Elternhaus blieben das Spielzeug und die Schulbücher und gewisse Kleidungsstücke zurück, wanderten auf den Dachboden, landeten in Bettenkisten, verstaubten in Papiertüten, und irgendwann stöberte ein Enkelkind dort oben herum und entdeckte die Schätze von anderen Kindern, die längst alte Leute geworden waren.

In Astrid Lindgrens Vaterhaus gibt es noch so einen Dachboden, dämmerig, zugig, natürlich ungeheizt. Eine kleine wacklige Treppe, fast eine Leiter führt hinauf, und oben ist ein Paradies, ein ganzer Dachboden voll Sachen, mit denen noch eben die Kinder gespielt zu haben scheinen. Winziges Zeug, Groschenpüppchen, Gläser mit verwelkten Zweigen, ausgeschnittene Papierbildchen, selbstgenähte Kissen und Decken, selbstgebastelte Körbe und Rindenboote. Alle haben dort gespielt und gespielt, Astrid mit ihren Geschwistern und Nachbarskinder, deren Kinder und dann die Enkel.

Solche Paradiese sind aus vielen Gründen rar geworden, aber einen Hauch davon kann ein Kind, wenn nicht im Elternhaus, so vielleicht bei Verwandten finden: Kisten und Keller zum Stöbern, ein Koffer voll Krimskrams, den Großmutter längst durchsehen und ausmisten wollte. »Was, so etwas willst du wegwerfen?«, und schon baut sich der Enkel ein Familienmuseum auf aus einem Mützenband mit einem kaiserlichen Schiffsnamen. Ballkarten. Einem Umschlag mit Onkels abrasier-

tem Schnurrbart. Zwei Puppentellern aus Preß-
glas. Einem Monokel ohne Glas.

»Und warum hast du die leere Blechschachtel aufgehoben?« Die Großmutter nimmt das kleine fla-
che Ding in die Hand und sagt: »Das war ein
Schächtelchen mit irgendwelchen Pillen, die mein
Großvater einnehmen mußte, und einmal hat er
einen Geldschein ganz klein zusammengefaltet, in
das leere Schächtelchen geklemmt und einen Zet-
tel dazu gelegt, auf dem hat gestanden: ganz allein
für meine Enkeltochter. Das war sein letztes Geschenk für mich. Kurz darauf ist er gestorben.«

Alles geschieht in der Familie: Trauer und Tod und
Geburt und Krankheit, Unglauben und Zuversicht,
blindester Haß und heiterste Liebe. Wie soll man
das als Kind ertragen?

Ich muß es immer wieder sagen: Ich glaube, der
Sinn der Familie liegt darin, daß sie ein Übungsfeld
ist für die Kinder. Wenn sie die eigene Familie
überstehen, wenn sie es schaffen, sich der eigenen
Eltern zu erwehren, dann kann man hoffen, daß sie
auch im großen Welttheater ihre Rolle nicht
schmeißen werden.

Und um im Bilde des Theaterspiels zu bleiben:
Großeltern kennen fast alle Rollen, können sicher
mehr als eine auswendig mitsprechen und sind die
besten und zuverlässigsten Souffleure für die neuen
Helden auf den uralten Brettern des Familien-
spiels.

12. KAPITEL

Was ist ein Kind?

Ich mußte meine Frau F. heute erst einmal wieder beruhigen«, sagte die Kinderärztin, »sie hatte sich und das Kind schon wieder gänzlich aus dem Häuschen gebracht.«

Warum und wieso? Ach, es gäbe so viele junge Mütter, die mit ihrem Säugling nicht zurechtkämen. Mit einem einzigen? Ja, mit einem einzigen. Viele dieser Mütter seien selber Einzelkinder oder Scheidungskinder, zwischen Erwachsenen groß geworden, hätten nie leibhaftig mitgekriegt, was ein Kind ist, was ein Kind braucht, wie sich das Leben, die Wohnung, der Lebensrhythmus durch ein Kind, auch nur ein einziges, ändert, und nun säßen sie wieder mit einem einzigen Kind da. Sie hätten es eigentlich gut: Babyjahr, Freisemester oder Ehemann, und gingen dennoch fast zugrunde, weil sie einfach nicht wüßten, was sie mit einem Kind anfangen sollten. Sie langweilten sich zu Tode, konzentrierten sich ganz und gar auf das arme Baby und ließen es keine Minute des Tages in

Ruhe. »Es schläft so viel!« klagten sie. »Wie kann ich es denn da anregen?«

Die Ärztin fragt dann immer wieder dagegen: Wie viele Stunden schläft dieses Kind von drei, vier oder sechs Monaten denn wirklich? Und wie oft stillen Sie? Sieben- bis achtmal täglich? Ist Trinken denn keine Anregung und Zuwendung? Und vor allem: Anstrengung? Muß ein Baby danach nicht schlafen dürfen? Selig lächelnd, wie ein satter Säugling? Kann man es dann nicht einfach in Ruhe lassen?

Das wäre doch eigentlich die Stunde der Großmutter! Sie brauchte ja gar nicht viel Gescheites zu predigen, sondern einfach nur für Ruhe und Frieden zu sorgen –

»Ach nein«, unterbrach mich die Ärztin, »gehen Sie mir nur mit diesen Omas weg. Die sind ja gerade die Ursache!«

Es ist wahr, gerade zwischen den Großmüttern, die noch mit solchen Sätzen in ihre Mutterschaft hineingingen: »Gefüttert wird nach Stundenplan!« – »Wenn er mal schreit, gib nicht nach, sondern zeig ihm von Anfang an, wer hier zu parieren hat!« und eben dieser nächsten Generation klafft ein pädagogischer Abgrund. Die Mädchen, die noch brav das Kinderzimmer aufräumen mußten, ehe es etwas zu essen gab, haben sich damals vielleicht schon stillschweigend geschworen: »Wenn ich einmal Kinder kriege – nie, nie, nie muß so hysterisch aufgeräumt werden!«

Und nun lassen sie das Pendel in die andere Richtung ausschlagen. Wollen am liebsten gar nicht eingreifen. Lassen die Krabbelkinder krabbeln, bis sie vor Müdigkeit umkippen, schrauben die Gläschen mit Babynahrung auf, wo immer sie sind und wann immer das Kind nach einem Häppchen verlangt, ob im Bus, im Wartezimmer der Frauenärztin, während einer Sitzung, zu der die Mutter das Kind mitgenommen hat. Stopfen dem Quengelkind ein Keks in den Mund und lassen es überall an ihrem Leben teilhaben, am Lärm und Dreck der Stadtstraßen, an der verqualmten Luft zu Hause und in Konferenzräumen, am Stampfen der Rockmusik und am Autofahren und am Video und Fernsehen.

Den Großmüttern juckt es in den Händen. Sie möchten am liebsten das Enkelkind an sich reißen, kräftig auslüften, einmal in die Waschmaschine stecken und dann unter den blühenden Apfelbaum legen. Ruhe, Stille, regelmäßige Mahlzeiten, regelmäßige Verdauung. Rosige Babybacken, und die Welt ist wieder in Ordnung, morgens um halb sieben und immer und ewig.

Was ist ein Kind? Was braucht ein Kind? In den USA hat man schon vor Jahrzehnten, als man hier noch nicht wagte, den Mullvorhang der Wiege auch nur zu lüpfen, Videoaufnahmen von Müttern und ihren Säuglingen gemacht, und die Kinderpsychologen mußten anhand der Bilder zu ihrer eigenen Verblüffung feststellen, daß die Signale zum Austausch von Lächeln und Gesten und Worten vom Kind ausgingen, von diesem winzigen Stück Leben, daß mit einem einzigen Verziehen von Mund oder Nase, mit einem Augenplinkern die Mutter dazu brachte, ein Gespräch zu beginnen oder nicht. Das war nicht viel mehr als das, was wir alle kennen: gurrende Laute. Worte der Zärtlichkeit. Kurze Sätze: »Gleich kommt die Milli!« – »So – jetzt wird das Bäuchlein gerieben!« – »Heile, heile Segen!« – »Nein! Nein!« – »Nun wird das Bäuerchen gemacht!« – Na, und so weiter und so weiter.

Gab das Kind aber kein Zeichen, bandelte es nicht mit der Mutter an, so ließ sie es auch in Frieden. Wollte es dagegen etwas wissen, so schaute es den Gegenstand nachdrücklich und immer wieder an, und die Mutter sagte: »Das ist der Daumen! Und das ist dein Fläschchen!«

Was also ist ein Kind? Ein Mensch, der das Leben und die Welt kennenlernt. Und wie sonderbar muß ihm diese Welt erscheinen! Der erste bewußte Blick auf einen – sagen wir rosenroten Gegenstand, einen kleinen Ball. Das Auge verharrt und wendet sich ab. Richtet sich wieder auf das Rot, nimmt es wieder und wieder in Besitz, bis sich geheimnisvoll Nerven miteinander verbinden und das Bild des roten Balls für immer und ewig notieren.

Unvergeßlich, wie ein Baby mit seinen Fingern spielt. Vielleicht fällt die Sonne ins Zimmer, und wenn das Baby die Hände reckt und streckt, sind die Finger im Licht. Endlos kann das Kind die Bewegungen und Zuckungen dieser winzigen Glieder betrachten, weiß noch gar nicht, daß sie seine eigenen sind und schreit, wenn es sich selbst damit zwickt oder ziept.

Ich kann mich noch gut daran erinnern, wie mein Ältester, ein paar Monate alt, das Umdrehen aus der Rückenlage lernte: Strampelhosenbeine in die Höhe, zufälliger Schwung, plumps, lag er auf der Seite, und der runde Windelpodex ragte wie ein kleiner Hügel in die Höhe. Geschrei, weil die Nase nun auf der Wolldecke plattgedrückt war, und beim wütenden Luftholen noch einmal ein An- oder Abstoß, der den Po nach unten und den Kopf nach oben brachte. Das Kind stemmte sich hoch, lachte mich unter Tränen an und wiederholte diese Prozedur, bis es sich durchs ganze Zimmer gerollt und gestemmt und alle Staubmäuse an Haar und Strampelhose hatte. Seligkeit. Dann schlief das Kind, erschöpft und wahrscheinlich vollkommen schwindelig, auf der Stelle ein.

Ja, wie sonderbar muß einem Kind die Welt erscheinen. Farben und Formen, noch nie gesehen, noch ohne Bedeutung und doch nur dazu da, daß es sich seine eigene Welt daraus schafft. Jeden Augenblick prägen sich neue Zeichen ein, und wenn die zarte Fingerspitze des Neugeborenen auf die Brust der Mutter, den Stoff des Kissens, den eigenen Daumen trifft, so rasen Meldungen durch Arm und Hirn, und irgendwo wird notiert: weich und warm und glatt und kühl und rund und klein.

Noch sind das keine Wörter, nur Erfahrungen, Entdeckungen, und wer das Kind in der Wiege liegen sieht und verfolgt, wie seine Augen wandern, der mag sich manchmal wundern, was jetzt in diesem kleinen Kopf geschieht. Wir haben ganz und gar vergessen, was für ein ungeheures Pensum das gewesen ist. Wir können alles. Wir beherrschen unsere Sinne. Wir wissen auf Anhieb, wo oben und unten ist, der Nordpol und Afrika, daß gerade Nachmittag ist und daß Türme aus Bauklötzen umfallen müssen, wenn sie schief gebaut werden. Langweilig ist das nur, wenn man gar nicht sieht, was da passiert. Wenn man das Kind an der eigenen Erwachsenenperson mißt, statt an ihm selbst. Mein Vater fand kleine Kinder langweilig und sagte das auch. Aber für seine beiden Enkel war er ein herrlicher Großvater, weil er mit ihnen eine Zeitlang zusammen war und ihnen zuhörte und zuschaute und dabei entdeckte, was und wie Kinder sind. Dabei fiel ihm wieder ein, was für ein Kind er gewesen war und erzählte seinen Enkeln von diesem fernen Buben, und sie hingen an seinen Lippen und bewunderten und bestaunten ihn. Und was weiß auch ein Erwachsener, vom Kind aus betrachtet! Dieser Großvater wußte alles von Pferden und von der Jagd und andere wiederum wissen, daß

Schnecken Erdbeeren fressen und wann der Ku-
chen gar ist und daß jeder Schnupfen vergeht: Drei
Tage kommt er, drei Tage steht er, drei Tage geht
er.

Frauen wissen offensichtlich viel mehr, wenn das
auch etwas damit zusammenhängt, daß die meisten
Kinder in ihren ersten Lebensjahren von mehr
Frauen als Männern umgeben sind. Und sie wissen
– vorläufig zumindest – wichtigere Dinge: daß es
jetzt Zeit zum Aufstehen und dann zum Schlafengehen ist und daß sich ein Kind heute einen Schal
umbinden muß, damit es sich nicht erkältet, und
daß es heute nachmittag Kasperltheater gibt.

Wunder über Wunder! »Großmutter kann zaubern«, sagte ein kleiner, mir gut bekannter Junge
zufrieden, weil er sich anders nicht erklären
konnte, daß man sich die Zähne aus dem Mund
nimmt und zum Schlafen in ein Wasserglas versenkt.

Keine schlechte Erklärung von einem, dem die ersten Zähne gerade eben erst zu wackeln beginnen.

Wenn Großeltern wieder mit einem kleinen Kind
zu rechnen haben und in ihrer Erinnerung nach
Dingen kramen, die ein Kind interessieren könnten,
so merken sie oft, daß sie noch etwas Kostbares mit
sich herumschleppen, Erinnerungen an eine Zeit,
die es nicht mehr gibt. Ich habe einmal in einem
Buch beschrieben, wie wir während des Krieges alte
Wollsachen aufribbelten, die krisselige Wolle auf

Brettchen wickelten (Deckel von Großvaters Zigarrenkiste), feucht machten, damit sich die Fäden glätteten und dann wieder neue Pullover und Jakken daraus strickten.

Das hat viele Mädchen, die dieses Buch lasen, mehr als alles andere interessiert. »Geht das wirklich?« fragten sie. Ja, das geht. Und wenn die Wolle schon alt und mürbe war und diese Prozedur nicht überstanden hat, haben wir aus den kurzen Fäden Muster gestrickt. »Wie denn, wie?« Und wie hat man aus Grießbrei Marzipankartoffeln gemacht? Ja, wie? Das mußte ich selber wieder nachlesen, und wenn die Mädchen meine Enkelinnen gewesen wären, hätten wir einen vergnügten Nachmittag gehabt. Vielleicht wäre das Grießmarzipan scheußlich geworden, dann hätten wir gelacht und die ganze Geschichte weggeworfen, und ich hätte sicher gesagt, daß ich heute noch keine Nahrungsmittel ohne Hemmung oder Bedauern wegwerfen kann. Warum denn nicht? Die Geschichte, die mit der Antwort auf diese Frage begänne, wäre lang, und wenn sie recht erzählt würde, erforderte sie Geduld und das ganze Kinderleben meiner Enkelinnen.

Immer wieder Geduld. Vielleicht ist sie das beste Gewürz im Großmutterleben. Geduld zeigen und Geduld lehren. »Wenn etwas schnell gehen soll«, lautet die Redensart, »muß man sich viel Zeit nehmen.«

Aber soll es denn überhaupt schnell gehen? Die

Kindheit ist vorbei wie ein Rausch. Wir Mütter dieser jungen Mütter wissen, daß es fast unmöglich ist, eine Erfahrung weiterzugeben, indem man darüber spricht. Selber tun macht klug. Aber wäre es nicht schade, wenn einer Großmutter nichts anderes übrigbliebe, als selbstgefällig zu sagen: »Ja ja, du wirst schon sehen, wie schnell diese Zeit vergeht. Heute jammerst du noch, daß du dich langweilst, und morgen jammerst du, daß dir die Kinder aus dem Hause rennen und du allein zurückbleibst. Aber ich hab's dir wenigstens gesagt. Du wirst schon später an mich denken, und dann ist es zu spät!«?

13. KAPITEL

Enkelkinder – ein Geschenk?

D u kannst dir ja gar nicht vorstellen«, sagte eine Freundin, die ich nach der kleinen Enkelin fragte, »wie sie sich jeden Tag entwickelt! Das hab ich ja damals gar nicht miterlebt, und jetzt ist es wie ein Geschenk!«

Damals, das war in den fünfziger Jahren. Meine Freundin hatte das typische Schicksal: Haus und Hof verloren, vertrieben, Vater gefallen, Mutter wie gelähmt von allem. Sie, die damals Zwanzigjährige, mußte also für Mutter und Geschwister sorgen, arbeitete, heiratete ein Jahrzehnt nach Kriegsende einen Mann, der diese Tüchtigkeit und Disziplin nur ein paar Monate lang aushielt, arbeitete weiter, was blieb ihr übrig? Nun aber arbeitete sie auch noch für das Kind und eine Betreuerin von Säugling, Mutter und Haushalt. Dreißig Jahre später hat das Kind von damals studiert, geheiratet, will berufstätig bleiben, so daß meine Freundin, gerade pensioniert, das erste Enkelkind zum Hüten bekam. Sie hatte ihre alte gebrechliche Mutter gerade in einem Stift untergebracht und sich, wie wohl jeder, für diese Jahre der Ruhe verschiedenerlei vorgenommen. Sie sollte endlich einmal nur an sich denken und hatte auch schon Reisepläne. Das wurde nun mit leichter Hand alles wieder beiseite geschoben, denn da war ja nun das Enkelkind. »Meine Geschwister halten mich für verrückt. Sollen doch die Jungen selber sehen, wie sie mit den Kindern zurechtkommen, die sie in die Welt setzen! Du hast in deinem Leben wahrhaftig genug für andere geschuftet! Denk doch an dich!, sagten sie.«

Sie aber findet: »Das tue ich doch gerade! Was gibt es denn Besseres – ja: Beglückenderes für mich, als in aller Ruhe und mit unbeschränkter Zeit mit einem kleinen Wesen zusammenzuleben und jeden Tag genießen zu können? Ich kann alles das machen, was ich mit meiner Tochter gern gemacht hätte. Und du würdest wirklich nicht glauben, wie rasch der Wortschatz so eines kleinen Mädchens wächst. Sie hat mit ihren zwei Jahren absolute Lieblingsbücher, und ich habe angefangen, sie zweimal zu kaufen, ein Exemplar steht bei mir und eines bei den Eltern, damit sie am Wochenende, wenn sie zu Hause ist, dieselben Bücher hat und sich behaglich fühlt.«

Ja, was gibt es Besseres und Schöneres? Unser Leben vergeht wie ein Wind, und wer dreißig oder vierzig Jahre an Schreibtischen oder in Konferenz-

zimmern gesessen hat, Vormittage lang mit um-
ständlichen Mitarbeitern oder mit Dickköpfen und
Ignoranten um Entscheidungen gerungen hat, zu
denen jedes Kind nach fünf Minuten ruhigen
Nachdenkens hätte kommen können, der genießt
eben gerade das Leben mit Kindern. Mit einem
Kind, das dich stumm, mit hochgereckten Armen
begrüßt. Das so herzzerbrechend weinen kann,
wenn ihm der Bauch weh tut. Und das, wenn du
nachmittags zu ihm hereinschaust, ob es noch
schläft, deine Armringe klirren hört und, noch
traumbefangen, sagt: »Das ist Omi.«

Gewiß, in jeder Liebe steckt die Affenliebe, und
Großmütter kommen in allen Arten und Spielar-
ten daher, auch als Menschenfresserin, für die ein
Enkelkind eine Art Spielzeug ist, ein Trost, ein
Bollwerk gegen das Alter und den Tod und die
Einsamkeit. »Ich habe doch alles für dich getan!«
werden sie etwas später sagen. »Dafür kann ich
Dank erwarten und daß du dich um mich küm-
merst.«

Nein, niemand kann Dank erwarten, auch von den
eigenen Enkeln nicht, und eine Enkeltochter ist
nicht die Fortsetzung einer Tochter, nicht das unschuldige Opfer, an der die Großmutter alles das
weiterführen und durchsetzen kann, was ihr bei
der eigenen Tochter nicht gelungen ist.

Ein Enkelkind ist auch kein Geschenk des Himmels für langweilige Stunden, etwas gescheiter als

eine Katze, aber nicht so pflegeleicht, was ihm freilich nicht vorzuwerfen ist.

Ein Kind ist ein Kind, ein selbständiges Wesen, zu nichts verpflichtet als zu wachsen und zu gedeihen und ein Mensch zu werden, und wenn es die Groß- mutter liebt, so liebt es sie, mag sie sein, wie sie will. Liebe ist kein Geschäft, hier eine Tüte Großmutter- güte, da ein Pfund Enkeldank. Liebe kommt am ehesten ungefragt, wer wüßte das nicht, und es liebt sich auch zwischen Enkel und Großeltern leichter und unbeschwerter, wenn die Großeltern geben und nichts dafür verlangen, nicht an sich zu ketten versuchen und nicht bei jedem Besuch sagen: »Ach endlich bist du einmal da. Aber morgen heißt es schon wieder Abschied nehmen!«

Extreme. Großmutterextreme: da besitzergreifen- de Liebe, da das Opfer, das gar keins ist, während sich ein Enkelkind nur schwer dagegen wehren kann, ein Opfer zu werden. Kinder können diese Zusammenhänge gar nicht begreifen. Sie leiden nur, wenn sie sehen, daß sie dadurch Kummer verursachen, wenn sie sich dem Spinnennetz in- stinktiv entziehen. »Geh nur spielen«, sagt die Großmutter in diesem gewissen Ton, »das macht dir ja viel mehr Freude, als hier bei deiner alten langweiligen Großmutter zu hocken!« Springt das Kind wirklich davon, so gilt es als herzlos. Läßt es sich dagegen erpressen, so sitzt ihm der Druck zum ersten Mal auf Herz und Magen, und wenn er unerträglich wird, bleibt ihm nur die Flucht in die Freiheit oder irgendeine unaussprechliche Untat gegen die Großmutter, so daß es mit Grund und sauber und für ewig verstoßen wird.

Ein Geschenk ist das Enkelkind trotzdem, ebenso wie das Kind eins gewesen ist, ein Geschenk des Lebens, eine Leihgabe für die wenigen Jahre, in denen die Kinder und die Enkel uns brauchen. Und das empfindet man mit sechzig Jahren stärker als mit zwanzig oder dreißig. Denn die Jahre, die vor Großeltern liegen, sind bemessen, und die Kräfte sind es auch. Noch ist ein Enkelkind so leicht wie eine Feder. Aber wer weiß, wie lange ich es noch hochheben kann? Wie schnell wird es groß und schwer und widerborstig. Es will alles alleine machen, und wie gut ist es dann, wenn die Hand zu langsam oder auch zu schwach geworden ist. Wie rasch hat man als Mutter zugegriffen, vorgemacht, natürlich besser und schneller gemacht, aber jedes Mal dem Kind die Gelegenheit genommen, etwas selber auszuprobieren.

»Hopphopp anziehen!« und die Ungeduld, wenn die Kinderfinger mühselig an Knopf und Schleife herumwurgelten. »Falsch geknöpft!« Wie ein Pistolenschuß. »Lernst du es denn nie, du Meister Ungeschick?« Und schon, eins, zwei, drei, hat Mutter geknöpft und gebunden und zerrt das fertig eingepackte Kind hinter sich her.

Eine Generation und zwanzig oder dreißig Jahre

später hat die Mutter von einst sicher vollkommen vergessen, wie sie war und schaut nun geduldig zu, wie sich die Szene wiederholt. »Mein Gott«, denkt sie andächtig, »schau sich doch einer diese winzigen Finger an! Wie die sich quälen müssen mit dem großen dicken Knopf! Ja – Ja! So geht's – ach nein! Schief geknöpft! Ach jemineh! Das müssen wir wieder in Ordnung bringen, aber schau dich zuerst einmal im Spiegel an! Siehst du, wie schief du bist? Schief geknöpft, schief gewickelt! Zum Schieflachen schief!«

Wenn man jung ist, sind einem alle möglichen anderen Dinge wichtiger als so ein Kampf mit dem Knopf. Fühlt man sich eingesperrt mit einem kleinen Kind, so denkt man sehnsüchtig an den Beruf, die Freiheit, die Weite, und je eher ein Kind mit seinem Knopf zu Rande kommt, desto weniger braucht es mich, denkt die Mutter, desto eher bin ich wieder frei.

Alles hat seine Zeit, und wir leben in einer Welt, in der es üblich geworden ist, mit Kind und Beruf gleichzeitig fertig zu werden, wenigstens irgendwie. In der Frauen auch kein schlechtes Gewissen mehr haben oder zu haben brauchen, wenn sie ihren Beruf ebenso lieben wie die Kinder.

Aber wenn diese Frauen ins Großmutteralter kommen, neigt sich auch die Zeit des Berufs dem Ende zu. Sie haben nicht nur Zeit, ihr Horizont hat sich auch verändert. Andere Sterne sind aufgestiegen, lauter kleine Enkelsterne. Die leuchten ihnen hell, und die haben sie lieber als den Winter auf Mallorca oder die Bildungsreise nach Olympia oder die Verjüngungsfarm in Bayern. Ist das ein Wunder?

14. Kapitel

Die Flausen und die Pflicht

Meine Großmutter war für eine Großmutter ziemlich jung, und wenn ich jetzt an meine Jahre bei ihr zurückdenke, so sehe ich: sie hatte den Kopf noch voller Flausen. Aber mich, ein mutterloses Kind, betrachtete sie als eine Pflichtaufgabe. Ich war ihr zu treuen Händen von meinem Vater übergeben worden, und sie hätte sich ewig Vorwürfe gemacht, wenn sie in mir nicht alle jene Tugenden kultiviert hätte, die damals im Zenith des Wertehorizontes standen: Ordnung, Sauberkeit, Pünktlichkeit, Aufrichtigkeit, Bescheidenheit und so weiter.

Nichts von Flausen also für das Enkelkind. Dazu war ihr die Sache zu ernst. Mit mir war sie streng. Sie versuchte, mir alles beizubringen, was ihr überhaupt in den Kopf kam, und mir gefiel das alles ungemein, weil ihre Art, mit einem Kind umzugehen, so vollkommen anders war als die der Mütter und Väter der Nachbarskinder und meiner Schulfreundinnen.

Ich brachte ihren Schöpfungsplan ohnehin immer

wieder durcheinander, vor allem dadurch, daß ich sehr oft krank war, was damals dramatischer verlief, weil es noch die Zeit der Hausmittel war. Ich erinnere mich daran, daß sie mir alles mit Schwitzkuren auszutreiben versuchte und ewig nasse Wickel um Brust und Schultern machte: außen kratzige Wolle, gelber Prießnitz-Stoff in der Mitte und altes kaltes Handtuch direkt am Leibe. Dann gab's Lindenblütentee zu trinken, eine in Frotteehandtücher eingewickelte Wärmflasche wurde an die Füße gelegt, mit meiner und ihrer Steppdecke wurde ich fest und dick wie eine Mumie eingemummelt, und schließlich sprengte sie noch Eukalyptusöl aufs Kopfkissen. Und dann wartete sie darauf, daß ich schwitzte. Das dauerte etwa, bis das kalte nasse Handtuch knochentrocken, starr und heiß geworden war, aber meine Großmutter kam alle zehn Minuten ins Schlafzimmer und fragte ängstlich: »Kommt's schon?« Welche Ewigkeit, bis sich mir endlich die Poren öffneten, bis jene Wirkung eintrat, die Heilung versprach! Und wenn ich mit noch trockener Stirn und benommen vom Eukalyptusdunst den Kopf schüttelte, rang sie die Hände, ging vor meinem Bett auf und ab und seufzte: »Mein Gott, womit habe ich das verdient? Willst du mir dieses Kind auch noch nehmen?«

Diese Klage ging in all meine Fieberträume ein, aber sie belastete mich nicht im geringsten, weil sie ein Teil meiner Kindheit war. Meine Mutter, die

einzige und sehr geliebte Tochter dieser Großmutter, war mit zwanzig Jahren, bei meiner Geburt,
gestorben und ich wußte, wenn Lindenblütentee,
Wickel und Wärmflasche ihre Pflicht erfüllt hatten,
wenn mir das Wasser am ganzen Leibe herablief
und das Leben meiner Großmutter wieder einmal
bewies, daß man zumindest Husten und Fieber
überwinden kann, war alles wieder in Ordnung.
Ach, die Wonnen der Genesung! Meine Großmutter hatte ihre Schlacht gewonnen, und deshalb
konnte sie sich ein kleines Weilchen auch Flausen
mit mir erlauben und trieb jeden Unsinn, der ihr
einfiel.

Kaum war ich wieder auf den Beinen, rief uns von
Neuem die Pflicht, und ich mußte zusehen, wie die
Großmutter dem Enkelkind ihrer Freundin zeigte,
auf welche Art und Weise man an Zucker kommt:
Die Kinderhand zur Faust ballen, ein bißchen anlecken und dann schwups in den Zuckertopf. Das
war, ehe die Lollis erfunden wurden, eine Art
Eigenlolli und alle lachten darüber, selbst die
andere Großmutter. Und die meine schwärzte einen Korken über der Gasflamme und malte sich
und jedem, der danach verlangte, eine schwarze
Nase. Oder sie spielte Hexe, mit offenen Haaren,
oder Gespenst, mit einem Bettlaken. Einmal zog sie
meinem jungen Onkel ihr Reisekostüm samt Hut
und Schleier an und ließ ihn die Tante aus Amerika
spielen, die immer zu Besuch erwartet wurde, aber

niemals kam. Ja, ich fiel darauf herein und wunderte mich nur, daß Tanten in Amerika akkurat solche Bubenschuhe tragen wie mein Onkel. Und wenn wir mit meinem Großvater Tricktrack spielten oder eine Patience legten, so mogelte sie so unverhohlen, um mich gewinnen zu lassen, daß es mein Großvater gar nicht glauben mochte, und wir lachten uns darüber schief und scheckig.

Wo blieb da die Strenge? Die konzentrierte sich auf die schlichte Forderung: Du lebst, du bist von uns behütet, du hast einen Kopf, den du ebenso zu benutzen imstande bist wie deine beiden Hände – für all das mußt du dankbar sein. Wie? Indem du dein Bestes gibst, dem Leben, der Schule, uns.

Das wurde eigentlich gar nicht ausgesprochen, aber es war irgendwie unmißverständlich. Es wurde so gelebt, daß dieses Leben gar keinen anderen Schluß zuließ. Und es wurde den Enkeln gezeigt, wie man die Zeit überlistet, um genug davon für Flausen zu haben, für Muße, für Gedankenspiele, fürs Kuchenbacken und Seilspringen. Ja wahrhaftig, wir hatten solche Großmütter, schwarz gekleidet, damals die übliche Witwentracht, und nicht im geringsten elfenhaft zierlich. Aber wenn wir uns das Springseil hoch an den Zaun knoteten, so daß ein einziges Kind es zu wunderbar großen Bögen schlagen konnte, so geschah es zuweilen, daß eine dieser schweren schwarzen Großmütter ins Seil sprang, mit tanzender Perlenkette, und sprang und sprang, so leichtfüßig und anmutig, wie wir es noch lange nicht konnten.

Die Strenge meiner Großmutter bestand in der unerbittlichen Forderung: Was getan werden muß, das wird erledigt. Schnell, aber gut – Flüchtigkeit war ihr fast verwerflicher als Faulheit. »Was du heute kannst besorgen, das verschiebe nicht auf morgen.«

Merkwürdigerweise können Großmütter so etwas besser sagen. Ich kann mich nicht daran erinnern, daß die meine ihre Stimme erhoben hätte. Sie sagte es so, daß ich bis heute das Gefühl habe: Sie wußte, wovon sie sprach. Vom Gewinn der Zeit nämlich. Von der Freiheit, die man dadurch erhält. Herr der Zeit zu sein, heißt auch, Herr seiner selbst zu sein. Wenn ich mir meine Zeit einteile, brauche ich sie mir nicht vertreiben zu lassen. Ich habe keine Freizeitprobleme, weil ich meine freie Zeit genießen kann, wie ich will.

Natürlich, kein Leben besteht nur aus Zeit zur eigenen Verfügung. Jeder Mensch muß bestimmte Dinge erledigen, muß sich die Zähne putzen, den Boden fegen, das Essen kochen, Vokabeln lernen, die Steuererklärung machen, die Hecke stutzen, Tante Erna zum Geburtstag gratulieren – Pflichten. Darüber jammern nützt nichts, aber warum eigentlich auch? Die tägliche Kocherei kann man als Last betrachten oder als Entspannung. Und man kann Befriedigung empfinden, wenn man aus

115

schmutzigen Dielen ein blankes Parkett zustande gebracht hat mittels scheuern, bürsten, bohnern.

Meine Großmutter jedenfalls verstand es meisterhaft aus der langweiligsten Pflicht ein Vergnügen zu machen, zumindest ein geselliges Ereignis. Sie fand es zum Beispiel überflüssig, einen bestimmten Glasschrank mit allem möglichen Krimskrams alle Naslang zu putzen, aber wenn im Frühling diese gewissen entsetzlich klaren Sonnenstrahlen den Winterstaub unübersehbar machten, konnte sie es nicht mehr aushalten, und irgendwie schaffte sie es genau in diesem Moment, meine Freundinnen und mich zu erwischen. Es war wie bei Tom Sawyer und dem Zaun, der gestrichen werden mußte: Plötzlich standen fünf oder sechs kleine Mädchen um den Tisch meiner Großmutter, und sie ließ sie huldvoll mit Läppchen und Bürstchen wischen und waschen und sagte kein einziges Mal: »Vorsicht! O Vorsicht!«, sondern erzählte die Geschichte von all den Figürchen und Döschen und Sächelchen, und der Schrank prangte nicht nur im Nu im erwünschten Glanz, nein, alle kleinen Mädchen hatten voll Begeisterung genau das getan, was sie zu Hause bei den Müttern und vor allem allein nie und nimmer getan hätten. Vielleicht und höchstens bei der eigenen Großmutter.

15. KAPITEL

Die Windeln und der Umweltschutz

Als meine Kinder in den Windeln lagen, waren diese noch aus Baumwollmull und Waschmaschinen so teuer, daß jeden Tag der große Waschtopf auf der Gasflamme saß und überkochte, man mochte aufpassen, so viel man wollte. Und es gab Windeleimer, Windelwäsche und Wäscheleinen voller Windeln, auf denen im Sommer die Wespen saßen, und die im Winter zu weißen Brettern froren. »Ach«, sagen die alten Leute heutzutage, »nichts duftet so sauber und frisch wie weiße Windeln von der Leine...«

Ja, ja, das ist schon richtig, aber für dieses bißchen Erinnerung muß man eigentlich nicht jahrelang waschen und spülen, spülen, spülen, bis die Haut an den Fingerspitzen ganz runzelig geworden ist, und deshalb kam erstens statt einer neuen Schreibmaschine die Waschmaschine ins Haus. Und zweitens schickte ein Kollege aus Schweden eine halbe Schiffsladung voll Fliesrollen in Windelformat, Vorgänger der heutigen Wegwerfwindeln, von de-

nen man sich damals Quadrate mit der Papier-
schere abschnitt und sie irgendwie um den Kinder-
popo drapierte. Dann schnell die Gummihose drü-
ber, damit das Paket nicht verrutschte, und das
war's.

»Ja natürlich«, hatte mein Schwedenfreund gesagt,
»das kannst du einfach alles ins Klo werfen!« Diese
Versuche brachten uns einige Verstopfungen ein,
denen das bombengeschädigte Rohrsystem nicht
mehr gewachsen war, aber irgendwie spielte sich
das ein, und ich fand das System ausgesprochen
praktisch.

Unterdessen ist es natürlich so perfektioniert wie
heute alles, offenbar auch wesentlich teurer, denn
ich sehe immer wieder, wie Mütter die aufgeknöpf-
ten Plastikhosen samt angefeuchteter Zellstoffein-
lage auf Strandkorbdächern oder Gartenbänken
zur zweiten Verwendung in der Sonne trocknen
lassen. Mir kommt das nicht sehr hygienisch vor,
aber so lange es die Haut der Babypos aushält, wird
es wohl praktiziert werden.

Wenn ich allerdings eine junge Mutter wäre, so
wüßte ich nicht, ob ich nicht wieder zu Windeln
griffe. Denn als das Schiff aus Schweden kam, sah
ich nur das Praktische für mich. Heute benutze ich
nicht einmal mehr die doch so praktischen Haus-
haltsrollen mit Küchenpapier. Ich muß an die Wälder denken, die für diese Bequemlichkeit geopfert
werden. An die Zellstoffabrikschiffe, die am Ufer

der Urwaldflüsse ankern, sich langsam mit den Holzfällern durch den Regenwald schieben, während Schiffscontainer voll Papiertaschentüchern, Papierwindeln und Papierküchentüchern flußabwärts, zu den großen Häfen fahren und dann übers Meer zu unseren und uns beliefern.

Ich weiß, alle berufstätigen Mütter werden solche Gedanken als Verrat an der Emanzipation verstehen. Vielleicht werden sie mir auch vorrechnen und beweisen können, daß schon die Benutzung einer Waschmaschine zum Windelwaschen so viel Wasser kostet, daß im Vergleich damit ein Eckelchen Regenwald fast gar nichts bringt. Na gut. Aber wie viel Wasser und Energie kostet die Entsorgung der vollgemachten Papierwindeln?

Ich will unseren Töchtern und Schwiegertöchtern nicht das Leben schwer oder schwerer machen. Ich überlege nur: Welche Annehmlichkeit müssen wir heute aufgeben, damit das Leben unserer Enkel nicht unerträglich schwer wird? Ich habe Windeln mit der Hand gewaschen. Ich weiß, daß man trotzdem berufstätig sein kann, auch ohne viele andere Bequemlichkeiten, die uns die Industrie seit den fünfziger Jahren beschert hat, ob wir sie haben wollten oder nicht.

Die Diskussion um Umweltschutz und Umweltschmutz wird noch lange laufen, und wenn ich meine Enkel retten will, kann ich nicht darauf warten, daß sich Politiker zu Entscheidungen durchringen, die ihnen nicht geheuer sind, weil sie weder von der Theorie (der Herstellung) noch von der Praxis (den Verbrauchern) eine blasse Ahnung haben. Ich fürchte, selbst wenn entschieden wird, spielen andere Argumente eine größere Rolle als mein Wohlergehen und das meiner Enkel.

Alles, was ich tun kann, ist doch deshalb nur dieses: Ich kann versuchen, das zu lassen, was ich als schädlich erkenne. Ich selber muß aufhören, bestimmte Gegenstände zu kaufen, dann brauche ich nicht darauf zu warten, daß im Jahre Schnee auf staatlichen Befehl eine bestimmte Produktion gestoppt wird (wenn überhaupt!). Vermutlich wird nämlich nur in einem anderen Land weiterproduziert, das laschere oder gar keine Umweltverbote kennt, und uns die Ware über Dritt- oder Viert- oder Fünftländer dann doch noch untergejubelt. Aber wenn ich nichts mehr kaufe, stoppe ich am schnellsten. Ich allein? Na, es wäre schön und nützlich, wenn ich nicht allein bliebe. Aber ich kann meiner Enkel wegen nicht so heucheln, wie es viele Politiker tun müssen, weil sie an die Partei, an die Wiederwahl, an die Extremisten, an die Parteiflanken, an die stiftende Industrie und so weiter und so weiter zu denken haben.

Ich will nicht wiedergewählt werden, sondern nur etwas Vernünftiges tun, und ich denke, Windeln hin und Windeln her, das sollten wir der Kinder wegen alle tun. Ich will auch keinem seine Papierwindeln ausreden. Ich fände es nur gut, wenn man sie nicht gedankenlos kaufte, gedankenlos benutzte, gedankenlos wegwürfe.

Und um noch einmal bei diesen Gegenständen zu bleiben: Ich sehe Kinder mit prallen Mullpopos durch die Gegend laufen, die eigentlich längst den Papierwindeln entwachsen sind und das Klo benutzen könnten.

Ich weiß: Ich sitze jetzt wieder zwischen Baum und Borke. Ich habe selbst oft genug über die sogenannte Reinlichkeitserziehung geschrieben und gelesen. Ich will keine neue Drillorgie beschwören, auch keinen zwanghaft verlogenen Wettstreit der Mütter: »Meins ist aber schon längst sauber. Und trocken erst recht!« Ich habe jedoch an mir selber beobachtet, daß die so praktischen Mullwindeln mich dazu verlockt haben, sie immer weiter zu benutzen, weil es mir selber so angenehm und praktisch war. Ich hatte das Zeugs ja ballenweise. Auf ein Meterchen mehr oder weniger kam's nicht an.

Heute würde ich zögern, weil ich weiß, daß wir nicht mehr aus dem vollen wirtschaften können. Diese Einsicht ist längst nicht mehr neu, aber sie ist immer noch unpopulär. Wir schieben sie gern von uns. Wir argumentieren: Was bringt es denn, wenn ich dieses oder jenes lasse? Die anderen treiben es ja viel schlimmer! Was mache ich also mit der Einsicht? Kann ich sie wirklich weitergeben? Kann ich hoffen, daß die Vernunft der Mütter von heute größer ist als Emotion und Egoismus?

Wie rasch das in meiner Generation gegangen ist: Gestern scheint es gewesen zu sein, daß Windeln unter blühenden Apfelbäumen flatterten. Kein Krieg mehr, keine Bomben, die die Kinder in der Wiege bedrohten. Der Himmel so blau, und die Welt so erschöpft. Lag wirklich Friede über Windel, Kind und Apfelbaum, oder war es nur eine Atempause?

Es muß schon dankbar sein, wer einen alten Apfelbaum im Garten hat, mit einer Sorte, die noch süß und nach Apfel schmeckt, und die Welt ist in Ordnung, wenn die Großmutter den Apfel für ihr Enkelkind abpflücken kann. Was danach geschieht, steht auf einem anderen Blatt.

16. Kapitel

Die verbotenen Reisen

In einer Fernsehdiskussion, an der ich teilnahm, ging es einmal um der Deutschen Reiselust, und ich wies darauf hin, daß wir uns den Massentourismus vermutlich bald verbieten müssen, weil ein Flugzeug allein beim Start so viel Kerosin verbrennen und dabei Sauerstoff verbrauchen muß, wie ein ganzer Wald kaum produzieren kann, selbst wenn all seine Bäume noch gesund wären – von dem üblichen Sommerstau zwischen Flensburg und dem Irschenberg ganz zu schweigen.

Merkwürdigerweise griff mich daraufhin der jüngste Teilnehmer der Gesprächsrunde an. »Ja, wollen Sie uns denn das Reisen nicht mehr gönnen?«

Als ob das etwas mit Gönnen zu tun hätte. Ich frage mich nur: Kann ich es verantworten, als Geschäftsmann für nichts und wieder nichts durch die Gegend zu jetten, wenn ich das betreffende Gespräch auch in einer halben oder meinetwegen einer ganzen Stunde am Telefon genauso und billiger erledigen könnte und dabei auch noch Zeit sparte? Kann

ich es verantworten, zweimal im Jahr auf die Ber-
mudas oder nach Trinidad zu fliegen, um mich acht
Tage in die Sonne zu packen, was nur Hautkrebs
fördert, weil eben die Ozonschicht auch durchs
Fliegen und durchs Autofahren überall aufreißt?
Und wenn wir und die Reisegesellschaften schon
nicht die Konsequenzen ziehen, müßten unsere
gewählten Volksvertreter nicht eigentlich mutig genug sein, für uns auch die Vernunft zu vertreten?
Der Flugverkehr über Deutschland soll sich bis zur
Jahrtausendwende verdoppeln. Wer entscheidet
das? Was antworte ich meinen Enkeln, wenn sie
mich fragen: »Was hast du dagegen getan? Wie
hast du uns vor den Folgen bewahrt?«
Und eben an diesem Punkt sah mich der junge
Kollege, der mein Sohn sein könnte, wie einen
Weihnachtsbaum im August an. »Also, gerade von
Ihnen hätte ich so eine Einstellung nicht erwartet!«
sagte er. »So ein Weltuntergangsszenarium!«
Das hätte ich zurückgeben können: Gerade von
einem möglichen Vater der Generationsgenossen
meiner möglichen Enkel hätte ich etwas anderes
erwartet. Kümmern ihn seine eigenen Kinder
nicht? Belügt er sich selber, um weiter mit gutem
Gewissen die Ressourcen meiner Enkel vergeuden
zu können? Müßte er nicht statt meiner die Stimme
erheben? Und schließlich: Mit der Redensart vom
Weltuntergang kann er mich nicht mundtot machen, im Gegenteil. Wenn die Generation, die mir

und meinesgleichen folgt, sich in Albernheiten rettet, müssen wir Großeltern erst recht neben unseren Enkeln stehen und dafür sorgen, daß sie mit der Zukunft zu Rande kommen, die Eltern, Großeltern und Urgroßeltern ihnen angerichtet haben.

Es stellt wohl jede junge Generation Fragen an die Älteren, die keine Antwort finden. Ich habe meinen Vater und meinen Großvater nach 1945 beschuldigt, nichts gegen Hitler getan und natürlich auch, meine Jugend verdorben zu haben. Was werden meine Enkel mir und meinen Kindern entgegenschreien? »Ihr habt doch gewußt, welche Folgen eure Taten haben würden! Es stand doch täglich in der Zeitung, in Büchern, in Illustrierten. Warum habt ihr nichts unternommen?«

Viele meiner Altersgenossen sagen: »Reg dich nicht auf. Sie werden bis dahin längst Dinge erfunden haben, die uns helfen. Das haben sie bisher immer getan.«

Kann ich darauf vertrauen? Kann ich das, wenn ich mich umschaue und höre und sehe, was um uns herum geschieht? Wie die Verbraucher alles auf »die Industrie« schieben und die Vertreter der Industrie bei jeder Gelegenheit beteuern, daß alles gar nicht so schlimm sei, nur »die Presse« jede Kleinigkeit aufbausche? Ich verstehe eigentlich viel zu wenig von dem, worauf es ankommt. Ich kann nur denen zuhören, die uns etwas erklären. Ich muß also mit meinen Enkeln lernen, wie man diese mir so geheimnisvolle Welt versteht. Und dann? Laß ich einen von den Enkeln Umweltminister werden? Geh ich als Umweltexpertin zu den Grauen Panthern?

Mal sehen. Vielleicht erinnern sich meine Kinder daran, was für glückliche Sommerferien wir bis in ihre Schuljahre hinein ganz in der Nähe unseres Wohnortes verlebt haben. Es gab Teiche mit Karpfen und Goldfischen, die fast so groß wie Karpfen wurden. Bäche, die man stauen konnte, Karnickel, ein treues Pferd. Alte Tanten mit schnurrigen Geschichten. Kinder mit Hunden. Nachbarn mit Katzen. Lampions übern nächtlichen Rasen. Schafe, die immer ausrissen und wieder eingefangen werden mußten. Spargel und Erdbeeren frisch vom Feld und im Herbst Äpfel und Pflaumen vom Baum. Diese Freuden kosteten keinen Tropfen Kerosin und haben uns und unsere Kinder mit endlosen Geschichten und Erinnerungen erfüllt. Vielleicht bringen diese Erinnerungen meine Kinder dazu, auf ähnliche Weise für das Glück meiner Enkel zu sorgen.

17. KAPITEL

Glück in der Küche

Großmutter vorm Herd. Großmutter in der Küche, im Zentrum des Hauses, der Wohnung, in der Urzelle des Heims. Was für Geschichten haben dort begonnen und wieder ihr Ziel gefunden, vorm Herd, vorm flackernden Feuer, das einst auch Wärme spendete.

Einmal kam der Patensohn meiner Großtante in den Sommerferien zu uns. Meine Großtante war Rot-Kreuz-Schwester und eine Köchin von Natur aus. Sie schenkte allem, was in Topf oder Pfanne kam, ihre volle Aufmerksamkeit. Sie verfälschte nichts, sie übertrieb nie. Sie aß gerne, aber selbst wenn sie nicht jeden Pfennig hätte umdrehen müssen, wäre es ihr zuwider gewesen, mit Essen Aufwand zu treiben. Sie lebte nach ihrer Pensionierung mit ihrer ehemaligen Oberin in einer kleinen Stadt, in der jeder seinen Garten am Fluß hatte, und wenn die Himbeeren oder Johannisbeeren reif waren, band sie sich die graue Arbeitsschürze um und setzte nicht die gestärkte schneeweiße Schwesternhaube auf, sondern eine aus grauem Leinen, die sich fest um den Kopf schmiegte und allen stacheligen Ranken Trotz bot. So zog sie los, um pflücken zu helfen.

So zogen wir in den Berg, sowie die Brombeeren reif und schwarz waren, und all diese sonnensüßen Früchte wurden zu Gelee und Marmelade verarbeitet. Die große Küche duftete den ganzen Sommer lang nach Früchten, und weil im Herd ohnehin das Feuer brannte, wurde mildes Hefebrot gebakken, Kompotte und die ersten Blechkuchen mit Äpfeln oder Zwetschgen.

Neben der Küche gab es die dunkle kühle Speisekammer, die nach Norden blickte. Dort standen die Steinzeugtöpfe aus dem Westerwald mit Holzbrettern zugedeckt, die das Brot oder den Käse enthielten oder eingelegte Gurken, und auf den Regalen standen all die Herrlichkeiten, die gerade vom Herd gekommen waren.

Schüsseln mit Grütze. Krüge mit Vanillesauce und frischem Saft. Sicher eine Schale mit Bohnensalat, und davor stand der kleine Junge und schaute sich alles genau an: die gestickten Bord-Bänder, meine Katze, den Frühstückstisch auf der Terrasse, den Herd voller Töpfe und jedes Ding in der Speisekammer.

»Tante Schlümpfi«, fragte er schließlich, »hast du das alles gemacht?«

»Ja«, erwiderte meine Großtante.

»Und«, fragte er weiter, »gehört dir das alles?«

»Ja«, antwortete meine Großtante wieder.

»Auch alles in der Speisekammer?«

»Ja«, antwortete meine Großtante ein drittes Mal.

»Dann«, sagte der kleine Junge, »dann will ich dich heiraten!«

So kam ich zu einem Großonkel, der drei Jahre jünger ist als ich, und die Hochzeit, im Juni, zwischen Erdbeeren und Himbeeren, muß ein Fest gewesen sein.

Es war aber nicht nur der Magen, durch den die Liebe bekanntlich geht, es war die Seelenruhe, mit der meine Großtante über ihr Reich, über uns Kinder und über die Kranken herrschte, die sie immer noch versorgte. Kochen war ihr nie eine lästige Pflicht, sondern stets ein Vergnügen. Alle Geräte, die sie dazu benutzte, blitzten wahrhaftig vor Sauberkeit, und manche, die sie schon von ihrem Vater geerbt hatte, benutzte noch ich. Die Küche scheint mir in der Erinnerung stets lichtdurchflutet gewesen zu sein, bei jedem Wetter, und sie duftete auch nach den Geranien vorm Fenster und der Zimmerlinde, die den Küchentisch beschattete. Frieden und Behaglichkeit, der Hefeteig, der neben dem Ofen ging, die Katze, die auf der Fensterbank lag und einmal mitten beim Mittagessen ihre Jungen warf, die Nudelsuppe, die mir nie im Leben so gut geschmeckt hat, und das lag nicht nur an den Erbsen, die ich am Vormittag gepflückt

und ausgepalt hatte, auch nicht an der Fleisch-
wurst, die der Schlachter gerade aus dem Wurst-
kessel geholt hatte. Es lag an allem und an der
Selbstverständlichkeit, mit der eins ins andere griff.
Die alte Frau kochte mit Liebe, sehr einfach, hielt
feste Zeiten für die Mahlzeiten ein, freute sich,
wenn man half, freute sich, wenn es einem
schmeckte. Wenn ein Vetter mit seinen Freunden
auf einer Wandertour hungrig und verschwitzt in
den Sommerferien bei uns einfiel, heizte sie den
Badeofen an, ehe sie in der Küche die größten
Töpfe herauskramte. Und wenn ein Bettler am
späten Vormittag vor der Haustür stand, bekam er
einen Teller Suppe und strenge Ratschläge, bei
wem er Arbeit oder Unterkunft finden würde.
Das Essen, die Mahlzeit, besaß einen Wert. Ich
habe noch das kleine dicke, rote Buch, in das meine
Großtante Rezepte eintrug: »Obstkuchen, der Frau
M. so gut schmeckte« oder »Haferkekse nach
Schwester Gretel« oder »Brei, wenn das Kind krank
ist« und aus beiden Weltkriegen die Gerichte ohne
Fett und Eier. Sie hatte gelernt, froh und dankbar
zu sein, wenn es etwas Gutes zu kochen gab, wenn
es überhaupt etwas zu Essen gab. Kein Kind mußte
zum Essen gezwungen werden, denn das, was auf
den Tisch kam, schmeckte gut. Keiner mußte gegen den Überfluß kämpfen, denn die Großtante
wußte nur zu gut, was aus Freßsäcken wird und wie
schwer sie zu pflegen sind.

Heute ist das alles ganz anders. Wir essen wie die Weltmeister viel zu viel, viel zu fett, viel zu süß und viel zu teuer. Wir können an jedem Tag alles kaufen, was es nur auf der Welt gibt, und kein Eßinstinkt warnt uns und sagt: »Unfug!« Im Gegenteil: Werbung und Verkaufsstrategien übertönen die Stimme der Vernunft, falls sie überhaupt noch flüstert, und Kinder lernen Nahrungsmittel vorzüglich verarbeitet, verändert und abgepackt kennen. Milch kommt aus der Kuh? Igitt, wie schmeckt deine Tomate aus dem Garten komisch!

Es hat jedenfalls noch nie so viele verschiedene Einstellungen zum Essen gegeben: Man tröstet sich damit. Man macht aus einer Diät einen Götzen und unterwirft damit die Familie – falls sie es sich gefallen läßt. Man kauft Luxus-Nahrungsmittel, um Neid zu erregen, und verschlingt aus Prestigegründen Gerichte, die man nicht ausstehen kann.

Manche Mütter erleben die Grenze. Sie kochen mit möglichst Unbearbeitetem und Naturbelassenem, stellen Körnersalat und Vollkornauflauf und Müsli und frisch gepreßte Wildfruchtsäfte auf den Tisch und erleben, daß Kind und Mann zur Oma laufen, weil es Bratkartoffeln mit Speck gibt, nach denen es schon im Stiegenhaus duftet.

Vor einer Generation war die Großmutter noch verschrien, weil sie in ihrer unergründlichen Handtasche stets eine Tüte mit Schokolade oder Bonbons transportierte und die Enkel sich nudeldick schnökern ließ. Jetzt sind es Fleisch und Fett, mit denen sie lockt, so erfolgreich, daß die arme Biomutter vor ihrer vorschriftsmäßig gekeimten und geraspelten Vollkost sitzt und sich ganz altmodisch die Augen ausheult und ihre eigene Mutter eine alte böse Hexe nennt.

Wo lenkt uns schon Vernunft und Einsicht ins Bessere? Bei Tisch ganz gewiß nicht, und die Zunge überlistet immer wieder das Hirn. In meiner Kindheit war es der unschuldige Spinat, dessen Inhaltsstoffe von einem Ernährungswissenschaftler verwechselt wurden. Die vom Trockenspinat gerieten in die Spalten vom frischen. So mußten zwei oder drei Generationen von Kindern den angeblich so eisenreichen Spinat schlucken. Die grünen Blätter sind wahrhaftig eisenreicher als die meisten anderen Gemüse, aber weil sich auf dieses eine einzige Gemüse der ganze Gesundheitswahn der Mütter konzentrierte, wurde der arme Spinat für viele Kinder bis weit ins Greisenalter hinein ein wahres Brechmittel.

Heute ist das viel schlimmer. Die Liste der Lebensmittel und Gerichte, die Vollwert besitzen, ist lang, und es wäre ein Jammer – von der Gefahr einer ins andere Extrem geratenden Fehlernährung ganz abgesehen –, wenn den Kindern von heute so etwas Gutes und Mildes wie Porridge oder Grünkern- und Bündener Gerstensuppe oder etwas so Herzhaftes wie Haferkekse oder Blinis und Fruchtgrützen und Quarkspeisen und Obstsalate und all die herrlichen Gemüsegerichte aus der indischen und der italienischen Küche und die Reispilaws aus der Türkei und die österreichischen Ofenkater und Sterze ausgetrieben würden, nur weil sie vollwertig sind. Denn das eben Genannte ist nur ein Bruchteil, eine Kostprobe, ein schwacher Vorgeschmack auf all die Gerichte, die fabelhaft gesund sind und trotzdem so gut schmecken, daß einem das Wasser im Munde zusammenläuft, wenn man nur den Namen nennt.

Großmütter brauchen gar nicht mit dem Speck in der Pfanne den Krieg zu erklären. Sie könnten ohne Umschweife vormachen, wie man so klug kocht, daß man es sich mit dem besten Gewissen schmecken lassen kann. Und wenn sie genug Zeit haben – oder sich dafür genug Zeit nehmen –, was wäre das für eine Schule der Sinne, in die ein Kind gerät, wenn es beim Kochen zuschauen und helfen darf.

Freilich, es war paradoxerweise leichter, ein Kind zu erziehen, auch zur Tüchtigkeit im Leben und zur Aufmerksamkeit, als der Alltag noch mühselig war. Als der Zucker noch nicht abgepackt in Tüten gestapelt im Selbstbedienungsregal lag, sondern ein Kind zuschauen konnte, wie der Verkäufer erst einmal aus blauem Papier mit einer unnachahmlichen Bewegung eine Tüte zwirbelte, diese in die Halteschlaufe der Messingwaagschale stellte, ein

Gewicht in die andere Schale der Waage legte, dann mit einer Schaufel in den Zuckersack fuhr und die weiße Ware geschickt wie ein Zauberkünstler in einem einzigen Strahl in die Tüte rieseln ließ. »Ein Pfund, Madame?«

Und genau in dem Augenblick, in dem sich die Schale mit dem Pfund-Gewicht lautlos zu heben begann, wurde der Strahl unterbrochen. Die Waagschalen schwebten im Gleichgewicht. »Ein Pfund, bitte schön.«

Was brauchen wir noch? Einen Liter Milch und einen Kopfsalat. Die Milch wurde beim Milchmann aus einer großen Kanne in die klappernde Milchkanne geschöpft, mit einem zylindrischen Schöpfer, der genau einen Liter faßte und neben dem Halbliterschöpfer am Rande der Milchwanne hing. Ein Liter, ein halber Liter, täglich gesehen. Erlebte Mengen, die sich für ewig einprägen.

Der Salat schließlich wartete im Beet auf den Käufer. »Groß oder klein?« fragte der Gärtnerbursche, der den Käufer mit einem Messer begleitete. Man schritt bedächtig die Zeile der grünen festen Salatköpfe ab und prüfte jeden. Da saß eine Schnecke, da eine Raupe. Nein, das war kein Anlaß zum Igitt! Im Gegenteil. »Woran die Wespen nagen, das sind die schlechten Früchte nicht!« pflegten die Erwachsenen zu sagen, und sie meinten damit alle Insekten und Igel und Mäuse und was sonst noch in Garten und Keller mitzuessen versuchte. Daraus sprach natürlich ein gewisser Stolz, denn wer fraß schon mickrigen Salat? Aber auch das Gefühl dafür, daß der Mensch nicht allein auf dieser Erde lebt und daß er, dem es so gut geht, abzugeben hat, auch den Schnecken und den Mäusen.

Das Essen und das Kochen waren längere Vorgänge als heute, mühseliger, denn die Qualität der Lebensmittel war unregelmäßiger und von keinem garantiert, die Kartoffeln zum Beispiel noch kein Markenartikel, aber beides hing mit Geselligkeit zusammen, mit Teamwork sagt man heute, und es sprach alle Sinne an, ganz direkt und wirklich. Mütter mußten die kognitiven Fähigkeiten ihrer Kinder nicht mit klug konstruierten pädagogischen Spieleinheiten anregen. Sie brauchten nur zu sagen: »Hol mir mal bitte drei Kartoffeln aus der Speisekammer!« und sich mit Geduld wappnen, denn auch so etwas Einfaches muß ein Mensch lernen, und sicher hätte die Mutter die Kartoffeln schneller gekocht, wenn sie alles selber machte. Aber welche Chance wird dabei verschenkt. Nur wenn man die Kartoffeln in die Hand nehmen kann, spürt man das Gewicht der Knollen. Spürt man den sandigen oder lehmigen Schmutz, der so ganz anders ist als der Dreck auf der Straße. Und was sind zwei, was drei Kartoffeln? Mengenlehre. Weiter: Wie fühlen sich die größeren Mengen an, ein Pfund und ein Kilogramm? Wie riechen die rohen Kartoffeln, wenn man sie schält oder durchschneidet? Wie schmecken sie? Warum soll man sie nicht in diesem rohen Zustand essen? Was sind das für weiße kleine Dinger, wie Maden so glasig und prall? Wie verändert sich das gelbe glatte Fleisch der Kartoffeln während des Kochens: Aus etwas Hartem Feuchtem wird ein mehliger weicher Bissen. Wie duftet das! Wie schmeckt das gut mit einem Krümel Salz. Wie muß man sich mühen, um dampfende Pellkartoffeln durchzuquetschen, und wie anders ist dann ihr Geschmack. Wie leicht läßt sich ein Erdäpfelteig kneten, wie glatt und weich ist er im Vergleich zum Mürbeteig. Und was kann man alles damit machen! Wie verändert er seine Farbe durch das Dotter. Durch Paprikapulver. Durch Currypulver. »Jetzt machen wir einmal Zipfele, schau, jetzt geb ich sie ins siedende Wasser, und da hocken sie unten auf dem Grund des Topfes, aber paß auf: Nach fünf Minuten steigen sie auf wie Fische, und dann sind sie gar, und ich gieße sie ab, und du kannst sie essen!«

Und wie gut kann man fertige Kartoffelnudeln mit den Fingern essen! Wie gut schmecken sie, wenn man sagen kann: »Die hab ich ganz allein gerollt!« Sollen sie ruhig etwas schwärzlich sein und vielleicht nicht ganz so locker wie die aus Omas Hand. Dafür hat das Kind Auge, Nase, Hand und Zunge geübt und noch die Geschichte vom Kartoffelkeller gehört, in dem ein Maulwurf gewohnt hat, als Großmutter ein kleines Mädchen gewesen ist.

Großmutter vorm Herd. Was kann mit diesem Bild, in diesem Augenblick alles beginnen. Die Freßsucht und die Magersucht und die Erkenntnis, warum man keine Nahrungsmittel vergeuden soll und wie Essen und Freundschaft zusammenhängen und daß Essen etwas mit Sinnenfreude und Schönheit und Gefühl und mit Verantwortung zu tun hat, Verantwortung für den eigenen Körper wie für die Hungrigen der Welt.

18. Kapitel

Die Kleider und die Fetzen

Nehmen wir an, ein Großvater oder ein anderes ehrwürdiges Mitglied der Familie beginge seinen 70. Geburtstag, und es wäre ein Fest. Besucher und Gratulanten von weit und nah, Reden, vielleicht eine Aufführung der Enkel- und Urenkelkinder. Nehmen wir weiter an, daß sich die Familienangehörigen nicht nur die Mühe gemacht haben, Zimmer und Eßtisch schön zu schmücken, sondern sich auch so gekleidet haben, wie man es in ihren Kreisen als festlich und korrekt empfindet und vor allem schätzt. In dieses blühende Bild platzt nun ein Enkel im ärmellosen Turnhemd oder in Wanderstiefeln und Rucksack oder in einer Art Haremshose in leuchtender Farbe. Er umarmt den Großvater liebevoll und herzlich wie immer und kann gar nicht begreifen, daß sich die Tanten und Großtanten mit einem »Das ist ja ein unmöglicher Aufzug...!« peinlich berührt abwenden und die arme Mutter dieses Lumpenkindes mit diesem gewissen befriedigten Mitleid betrachten. »Sie ver-

steht es eben nicht, mit Kindern fertig zu werden –
da hab ich doch meine viel besser im Griff.«

Nehmen wir schließlich an, der Jubelgreis sei noch
mit einer Gattin gesegnet. Was macht sie? Schweigt
sie, wie vielleicht seit Jahren, »um des lieben Frie-
dens willen«? Sagt sie etwas und begibt sich damit
in die Gefahr, als »Oma Nervensäge« in die Familiengeschichte einzugehen? Und vor allem: Wem
sagt sie was? Der Schwiegertochter? Die dann todsicher beleidigt ist und sagt: »Ich hab's dir ja nie
recht machen können!« Dem Enkel, dessen Liebe
sie doch nicht verlieren will?

Früher hätte ich vielleicht zum amüsierten Schweigen tendiert. Warum sich denn aufregen über solche Lächerlichkeiten wie die äußere Haut? Laß
den Jungen doch herumlaufen, wie er will, er wird
schon merken, was er da macht.

Heute ist es gerade dieser letzte Punkt, der mich
anders urteilen und handeln ließe, nämlich wegen
der Verletzlichkeit der jungen Leute. Sie ziehen
sich ja in aller Unschuld ihre komischen Klamotten
an. Es ist ihnen – mal abgesehen von den klassi-
schen Provokateuren – gar nicht klar, was für ein
Tabu sie verletzen, indem sie das tun, was ihnen die
Werbung einredet. Wer wäre nicht mit ihnen einig,
daß es bei dem Familienfest wie im Alltag nur
darauf ankommt, wie es mit dem Herzen und nicht
mit dem Hemde steht, und ein Enkel, der seinen
Großvater liebt und ihn oft und freiwillig besucht,

ist jeder Großmutter lieber als ein geleckter Lack-
affe, der sich kaum noch an die Adresse der Großeltern erinnert – aber das ehrliche Fetzenkind in
dieser Minute natürlich haushoch schlüge. Denken
wir nur an die nun neidischen Tanten-Blicke, die
diesem fabelhaft gekleideten Knaben folgten. »Der
hat's geschafft!« und so weiter, und die dazugehö-
rige Mutter könnte sich in Bewunderung baden.
Deshalb glaube ich, daß die Großmutter den Mund
auftun und mit dem Enkel über die Rolle der
Kleidung in unserer Gesellschaft sprechen sollte.
Möglichst schon gesprochen haben sollte, damit sie
den Jungen nicht jetzt leise am nackten Arm ins
Schlafzimmer ziehen und ihm in zwei Minuten
alles das einwispern muß, wozu man den richtigen
Moment braucht und mehr Ruhe als jetzt, wo sie
dem Enkel das Turnhemd vom Leibe und ein weißes Hemd vom Großvater über den Kopf ziehen
muß.

Läßt er es brav mit sich geschehen? Dann herrschen ohnehin Liebe und Einverständnis zwischen
ihm und den Alten, aber auch wenn er sich sträu-
ben sollte: Die Großmutter muß mutig sagen, was
zu sagen ist. Wer sollte es denn sonst tun? Kleidung
ist mehr als Schutz vor der Witterung. Nach seinen
Kleidern wird der Mensch beurteilt und gemessen.
Das ist dumm und oberflächlich, aber alle Revolu-
tionen und Zusammenbrüche der bürgerlichen
Welt haben kein Tüttelchen daran ändern können.

Kleidung ist ein Geheimzeichen, ein Unterschei-
dungsmerkmal, ein Symbol, eine Garantie, und
wer ließe seine Kinder ungeschützt in diese Welt
rennen, in der es sich im Löcherhemd nur blaue
Flecken auf der Seele holt? Außerdem hat sich
herausgestellt, daß die jungen Menschen dieses
Einmaleins der Äußerlichkeiten kennenlernen
wollen, einfach um Bescheid zu wissen. Jede Zeit-
schrift, jede Tageszeitung mit einer Frageecke bekommt Briefe gerade von jungen Leuten, die sich
so sachlich wie nach Videogeräten und Tips zur
Blumenpflege nach den üblichen Kleiderregeln in
den verschiedenen Lebenslagen erkundigen. Sie
wollen hören, wie »man« sich anzieht, um sich im
Notfall danach richten zu können – oder nicht.
Aber dann handelt es sich um eine bewußte Entscheidung, die in bezug auf den Beruf vielleicht
ganz anders ausfällt als in bezug auf die Familie. Im
Beruf spielt man eine Rolle, in der Familie kann
man es sich eher leisten, sich zu kleiden, wie man
will, aber auch den anderen durch eine zum Beispiel konventionelle Kleidung einen Gefallen zu
tun.
Kleidung hängt nämlich mit etwas noch ganz anderem zusammen, mit Angemessenheit, sogar mit
Schönheit. Ein Fest ist ein Höhepunkt, mit Vor-
freude erwartet. Bestimmte Vorbereitungen haben
zu ihm geführt, und wer sie auch getroffen hat – es
wurde darin eine Idee angestrebt: Alles soll so zuein-

ander passen, daß eine Art Kunstwerk entsteht, flüchtig, aber schön genug, um lange in Erinnerung zu bleiben. Solche Feste sind Geschenke, für diejenigen, denen sie gelten, und auch für diejenigen, die sie ausgerichtet haben. Unsere Feste haben alte Traditionen, und die Pracht, das Festgewand gehören dazu. Wer sich festlich kleidet, wird festlich gestimmt, und ein prächtiges Kleid schmückt wie eine Blume den ganzen Saal, die ganze Gesellschaft. Das braucht der Mensch von Zeit zu Zeit, er braucht es einfach, um dem Leben Höhepunkte zu geben, Glanz und Gloria an großen Tagen.

Morgen kann der Enkel ja wieder zum Turnhemd greifen.

19. Kapitel

Der Garten und die Jahreszeiten

Dort, wo ich aufwuchs, begannen hinterm Gartenzaun die Felder, von Zwetschgenbäumen und Hecken mit Holunder, Nußbüschen und Weißdorn gesäumt, und nach ein paar Schritten der Wald, der den Hügelzügen entlang des Flusses weit nach allen Seiten folgte und in seiner Tiefe grüne Täler und steile finstere Schluchten barg. Im 19. Jahrhundert hatten die Ziegenherden der Stadtbürger den Hainberg bis auf den Kalkboden abgefressen, doch dann übernahm ein weiser Bürgermeister das Regiment und rettete die Umwelt seiner Stadt, indem er die Arbeiter, die aus der sprichwörtlich fruchtbaren Goldenen Aue tagtäglich in die Stadt wanderten, Samen und Setzlinge jeglicher Art mitbringen und auf die kahlen Karstkuppen säen und pflanzen ließ. Hundert Jahre vergingen, und um uns Kinder rauschte ein Wald, so vielfältig wie im Paradies: um alte Buchenbestände herum Äpfel und Pflaumen, die längst wieder kleine und bittere Wildfrüchte trugen, Eßkastanien, Akazien, und wie aus den Alleen der Stadt in den Wald hinaufgewandert Ahorn, Platanen und vieles mehr. Im Frühling, wenn der Schnee mürbe wurde, brachen Schneeglöckchen aus den eisigen Schollen und in manchen Jahren schauten an den geschützten und sonnigen Stellen Hundsveilchen unter dem Dach des vorjährigen Laubs hervor, und es gab ganze Matten von Leberblümchen und Himmelschlüsseln. Und dann schwoll der Bach, aus dem Gerinsel wurde ein lärmender Geselle, den wir mit Steinen und Sand zu zähmen versuchten. Im Mai zog ich mit meinem Großvater los, um an seinen geheimen Stellen Waldmeister für die Bowle zu pflücken, und im Herbst bauten wir Kinder uns in einer Mulde unter Brombeerhängen riesige Laubburgen, in denen wir hausten und spielten und die schönsten rot und goldenen Blätter zu Mustern legten, bis die ersten schweren Regengüsse einsetzten und der Wald plötzlich so feindselig und düster wie in »Jorinde und Joringel« wirkte. Das Jahr war vorbei.

Felder und Wald sind heute mit Wohnanlagen und Hochhäusern bebaut, die Lichtungen Parkplätze, die Blätter der schönen Bäume so schmutzig und verklebt, daß ihr Laub zu keinem Kinderspiel taugt, und die einsamen Wege so verrufen, daß die Mütter ihre Kinder nicht mehr allein hinauf in den Wald laufen lassen würden. Wo sehen sie also, wie das Veilchen unterm verrottenden Laub seine vio-

letten Augen öffnet? Wo hören sie, wie unglaublich laut die Igel schmatzen, wenn sie im Dämmer
an die Walderdbeeren gehen? Ein kleines Kind
braucht noch keinen ganzen Wald, ihm ist der treue
Huflattich, der als erster seine goldenen Köpfe
zeigt, genauso ein Wunder wie die Gänseblüm-
chen, die man beim Einschlafen beobachten kann,
und der Löwenzahn, der mitten im Sommer zur
Pusteblume wird.

Der Garten als Bilderbuch, als Bild der Natur, und
wer den Rasen ruhen läßt und sich die heimischen
Gehölze und Ringel-Rangel-Rosen, schöne Apri-
kosen, Veilchen und Vergißmeinnicht der Enkel
wegen und zuliebe wieder in den Garten holt, einen
Apfelbaum und eine Kirsche pflanzt, auch eine
Himbeerhecke und die goldene Kürbissonne auf
dem Kompost aufgehen läßt, der lockt wieder Star
und Ringeltaube, Schmetterling und Schnecke,
vielleicht sogar Frosch und Maus herbei.

Ein Eckchen müßte dabei sein, wo das Kind sein
eigenes Pflanzrecht besitzt. Vielleicht sieht es, wie
die Großmutter Erbsen sät und die Stangen für die
Bohnen setzt, und möchte auch verfolgen, wie ein
winziger grüner Finger aus der Erde stößt und
wächst und wächst und sich dabei verändert und
wie merkwürdig jede Pflanze blüht und in Duft
und Schönheit prangt und ihren Blütenschaum
verliert und Frucht ansetzt und wie gut das
schmeckt, was wirklich an der Sonne reif werden

darf, wie süß die Mohrrüben und jungen Erbsen, wie herzhaft der Spinat. Was ist das für ein Gefühl, wenn das Kind am Abend die eigene Kresse schneidet und der Familie auf den Salat oder das Quarkbrot streut. Und was ist das, wenn schon jemand anders die fetten Radieschen angenagt hat und auch den Würmern die Karotten schmecken? Es kann eine Erkenntnis fürs Leben werden: Du bist nicht allein im Garten, nicht allein auf der Welt. Andere haben auch ein Recht auf Nahrung, haben auch einen leeren Magen. Der Star frißt die Kirschen, der Maulwurf die Wurzeln vom Gras. Denkt nur, wie es war, als Jäger und Sammler durch diese Gegenden streiften, in denen heute unsere Städte stehen. Damals hat die Welt den Tieren gehört, und der Mensch war nicht viel mehr als ein starkes Tier unter anderem Raubzeug.

Im Garten wohnt die Welt, die Vergangenheit und die Gedanken an die Zukunft. Im Garten lernt man, daß das Wetter stärker ist als alle Gartenkunst. Man lernt den Geschmack und den Geruch von Rübe und Rose kennen und unterscheiden, den Zusammenhang zwischen Kompost und Lilien. Und man lernt besser als später in der Schule die Palette der Farben vom Pfingstrosenrosa bis zum Hagebuttenrot, von den Grüntönen ganz zu schweigen. Man lernt zudem Gewicht und Menge einzuschätzen: Wie schwer ist eine reife, rotgelbe Landsberger Reinette, wie viele macht sie als Bratapfel satt! Wie viele Beeren muß man pflücken, ehe es zur Roten Grütze reicht, wie viele muß man kochen und durchs Tuch tröpfeln lassen, damit aus dem Saft ein Glas Gelee entsteht.

Wie weckt es die Sinne, wenn man die rauhe Haut eines Pfirsichs anfaßt. Wie grau sieht dieser Samt oft aus, aber welcher Duft entströmt ihm, und wie weiß und süß und saftig ist das Fleisch, das der Pfirsichflaum so sorgsam umhüllt. Wie feucht vom Tau ist die Wiese an einem frühen Sommertag, wie dampft sie etwas später in der Sonne. Wie schön werden die Spinnweben im Herbst, wenn die winzigen Tauperlen auf ihnen wie Silber funkeln. Wie glitzert dieser feuchte Atem des Gartens im Advent als Rauhreif, wie antwortet das Haus ihm mit Eisblumen am Fenster. Das ist nichts als Wasser in seinen verschiedenen Erscheinungsformen, nichts als Physik, und es ist auch unvergleichliche Schönheit, ist für das Kind, das es zum ersten Mal sieht, ein Wunder, das man nachahmen kann, indem man ans Fensterglas haucht oder den Atem in eine Wolke verwandelt.

Kleinigkeiten, in denen die Welt steckt und die die Liebe zur Natur auslösen können. Ob der Garten noch Natur ist, wird sicher mit Recht bestritten, aber er besteht aus den Elementen der Natur, aus Erde und Luft und Feuer und Wasser, und wer im Lauf der Jahreszeiten erlebt und mit allen Sinnen aufnimmt, daß wir keine Tiere sind, die einsam und blind in Häusern hausen, sondern Geschwister von Baum und allen Geschöpfen, der ist auch bereit, das bißchen Natur, das uns noch geblieben ist, zu hegen und zu bedenken. »Alles, was ich bin, habe ich aus der Natur gelernt«, hat Astrid Lindgren einmal zu mir gesagt, »sie war meine große Lehrmeisterin, nicht die Menschen.«

20. Kapitel

Das Reh und die Lüge und das Gewissen

Wie dumm, wie haarsträubend beschränkt die Erwachsenen sein können, ist mir schon in der Schulzeit klargeworden. Wir hatten eine eher langweilige Klassenlehrerin, aber da ich zu Hause mit genügend Gefühl und Leidenschaft in Berührung kam, zog mich wohl diese Trockenheit gerade an. Und auch ihr Fach: Biologie.

Wir mußten einmal einen Hausaufsatz schreiben, über das Reh, und ich sah das Reh, wie es am Waldrand stand, und natürlich das Kitz in der gesprenkelten Decke, und da ein Buchenwald mit Reh und Fuchs und Specht und Lichtungen und Leberblümchen gleich über der Straße begann, in der ich wohnte, beschrieb ich, was ich dort auf vielen einsamen Streifzügen gesehen hatte, in bezug auf das Reh in meinem Aufsatz.

Und dann sagte meine Lehrerin, als sie die Hefte wieder verteilte: »Hier habe ich noch einen sehr guten Aufsatz, aber den kannst du gar nicht selber geschrieben haben. Der muß von deinem Großvater sein.«

Ich war wie vom Donner gerührt, und meine Lehrerin wurde ein Wurm, ein Staub, ein Nichts. Ich sah, daß es keine Götter gibt. Noch schlimmer: Sie, die Erwachsene, war nicht nur nicht so klug und weise, wie ich bisher geglaubt hatte, sie wußte auch nicht das geringste bißchen von mir. Hatte sie nichts begriffen? Kein einziges Mal in mein offenes Herz geschaut? Und dann: ausgerechnet meinen Großvater zu verdächtigen! Er haßte es sogar, Briefe zu schreiben, und wenn er etwas von dem kindlich krausen Zeugs las, das ich täglich produzierte, Ritterromane, Gedichte und ähnliches, so schüttelte er jedes Mal den Kopf zwischen Verwunderung und Grausen, daß die Familie so ein Wechselbalg ausgebrütet hatte. Für ihn waren Wörter einzig und allein das Material knapper mündlicher Befehle und Mitteilungen. Gewiß, die Strecke der Rehe, die er in seinem Leben erlegt hatte, mochte lang gewesen sein. Aber ich hatte sie nicht mehr erlebt, und wenigstens das hätte sich die dumme Pute ausrechnen können.

Irgendwann macht jedes Kind das durch. Irgendwann merkt jedes, daß wir Erwachsenen nicht allmächtig und allwissend sind. Daß man uns auch nach Strich und Faden belügen, beschummeln und verkohlen kann, ohne daß wir es merken, oder präziser, ohne daß wir es beweisen können. Wir können in Kinderaugen blicken, bis wir schwarz werden, der kleine Kinderschädel ist nicht durchsichtig, und wir können keine Gedanken lesen. Ein Kind bekommt zum Beispiel die erste Schere seines Lebens geschenkt. Am nächsten Tag ist der Bettbezug ganz merkwürdig zerschnitten. Wer war das wohl? Wer wollte seine Schere ausprobieren und hat nur das falsche Übungsmaterial gewählt?

»Nein«, sagt das Kind ganz freundlich und mit dem klaren offenen Blick, »ich war's nicht.« Und schaut einen so abwartend an, daß man ihm in diesem Fall die Gedanken sehr wohl von der reinen Engelsstirn geradezu ablesen kann: »Na, wie geht dies Spiel wohl weiter? Was machst du nun?«

Als junge Mutter stürzt man sich kopfüber ins Verhängnis. Schnaubt, spielt Fernsehkommissarin, versucht mit Logik zu überzeugen. »Wer soll's denn sonst gewesen sein? Ich vielleicht?«

Eine meiner Freundinnen erhielt genau auf diese Frage die Antwort: »Ja, du!«

Sie sagt, sie hätte sich in diesem Augenblick wie ein Trottel gefühlt und so gesehen, wie ihr Sohn sie sah: aufgelöste Haare, verzerrtes Gesicht, Funkelblick, und habe nur stammeln können: »Aber das Bettzeug hat doch so viel Geld gekostet!« Und da sei ihr plötzlich auch noch klargeworden, wie ihr Sohn sich gefühlt haben mußte. Was war ihm Geld? Was kümmerte ihn Kattun! Da lag die Schere in seiner Hand und blitzte mit ihrem Stahl im Licht und

151

wollte schnippschnapp schneiden. Wenn man zurückblickt, über diese lange Reihe von Jahren, in denen die Bettbezüge ihrer Natur gemäß mürbe und zerschlissen geworden sind – mit wie vielen haben wir angefangen? Zweimal zum Wechseln? Oder gar noch mehr? –, so sieht man, daß es auf einen mehr oder weniger wahrhaftig nicht ankommt. Was ist denn ein Kind gegen ein Stück Stoff? Ist die Erregung nicht unangemessen?

Man weiß unterdessen, daß man manchmal weiter, vielleicht sogar an sein Ziel kommt, indem man gar nichts tut oder einen Umweg geht. Wieviel besser ist also der Herr Niemand, der unter diesen oder tausend anderen Namen plötzlich im Kinderzimmer auftaucht. Wer hat der Katze blaue Tupfen aufs Fell gemalt? Herr Niemand. Wer hat die Kühlschranktür schon wieder sperrangelweit offen gelassen? Herr Niemand. Oder das Mäuschen meiner Großmutter oder der Zwerg Dagobert, der unter der Badewanne wohnt – hörst du nicht, wie er klopft? Daß es die Heizung ist, die in sich pocht und röchelt, spielt keine Rolle, vielleicht wohnt Dagobert ja auch im Winter im Heizungsgehäuse, wer weiß. Auf jeden Fall verschaffen diese Gestalten dem Erwachsenen und dem Kind eine Atempause in diesem so typischen Fall, für den man die Weisheit eines Salomo brauchte:

Es ist klar, daß das Kind etwas ausgefressen hat. Indizienbeweise liegen vor.

Es ist genauso klar, daß der Erwachsene mit keinem Geständnis rechnen kann. Daß man ihn belügen kann, und Kinder kriegen bald mit, wie leicht das geht, besonders leicht, wenn man etwas Phantasie besitzt und schnell improvisieren kann.

Also sollte man es ihnen durchgehen lassen? Sollte dem kleinen Bettzerschnippeler nicht klarmachen, was er da angerichtet hat? Sollte nicht an sein Gewissen appellieren? Er hat doch schließlich dreist gelogen?

Ja, das ist das eigentliche Problem. Es geht in dieser und in vielen anderen Situationen eben um zweierlei:

Es geht erstens um Kleinigkeiten. Ein Kind hat etwas vergessen. Kaputtgemacht. Falsch gemacht. Aber warum? Aus Bosheit und angeborenem Verbrechertum? Ach, Schnickschnack. Das Kind hat vergessen, verschnitten und vertrödelt, weil es ein Kind ist. Weil es seinem eigenen Lebensrhythmus nachlebt. Weil es noch längst nicht begriffen hat, daß der der sonderbaren Erwachsenen anders ist. Da es noch nicht gemerkt hat, wo die Unterschiede liegen. Oder weil es einfach seine Hände und Füße und seinen Grips üben will. Auch weil es wie Vater und Mutter sein will. Mindestens wie die großen Geschwister. Weil es aber natürlich noch nicht so vieles und das auch noch nicht so geläufig kann wie wir, und aus all diesen und vielen anderen Gründen in die Bettdecke schneidet.

So. Und nun merkt es zweierlei: Herrje, das war mal wieder völlig falsch, und es sagt genau wie die Mutter am Telefon: Nein, mein Mann ist nicht zu Hause, obgleich er daneben sitzt, aber zu faul ist, mit irgendwem zu sprechen, oder einer Auseinandersetzung aus dem Wege gehen will.

Das Kind sagt also: »Ich war's nicht.« Und es stimmt ja auch! Ich, das Ich, das das Kind sein möchte, groß, tüchtig, geschickt, das war's ja nicht! Es war der Herr Niemand, der alles noch werden muß. Der noch nicht einmal richtig mit einer Schere umgehen kann.

Natürlich kommt auch noch zweitens hinzu, daß vermutlich jedes Kind bei jeder sich bietenden Gelegenheit ausprobiert: Wie weit kann ich gehen? Wie groß ist mein Reich? Wie kann ich mir einen Raum der Verschwiegenheit, einen ganz eigenen Raum sichern? Nicht, daß es schon so dächte. Aber es handelt so, unbewußt, sagt vielleicht einmal später: Es gibt Dinge, die sagt man seinen Eltern nicht, auch wenn man sie liebt.

Also lügt das Kind. Lügt sich was zurecht und wartet ab, ob es klappt.

Als ich ein Kind war, wurde aus jeder lächerlichen Lüge ein Gewese gemacht, als ob wir eine Bande von Schwerverbrechern wären, und ich kann mich deshalb noch genau zumindest an meine Verwunderung darüber erinnern. Es kam mir, wie ich heute sage, unangemessen vor. Damals dachte ich

nur: Verrückt, diese Erwachsenen!, ließ das Don-
nerwetter schweigend über mich ergehen, sagte
brav und weil man es erwartete: »Es tut mir leid, ich
will es gewiß nicht wieder tun!«, wußte aber genau,
daß ich es wieder tun würde und sprang davon.
Oh, wenn das die alten Tanten und Eltern und
Großeltern damals geahnt hätten (obgleich – mein
Großvater hat es bestimmt gewußt!). Sie hätten die
Arme gen Himmel geworfen und gejammert: »In
der Gosse wird das Kind landen! Im Gefängnis! Im
Zuchthaus! Diese Verstocktheit!« Und so weiter
und so weiter und hätten in der Vergangenheit
gekramt und todsicher irgendeinen Urgroßonkel
aufgestöbert, der auch auf die schiefe Bahn geraten
und nun in Australien... Und das muß dieses
verhängnisvolle Erbteil sein, und man muß unbe-
dingt so streng wie möglich vorgehen, damit das
Kind vor diesem Schicksal bewahrt bleibt. Ach, wie
war ich hartgesotten! Wie habe ich diese wüsten
wilden Geschichten vom Urgroßonkel bei den Kän-
guruhs geliebt!
Keine Spur von schlechtem Gewissen oder Reue?
Nein. Denn das mit dem Gewissen ist so eine
Sache. Man nahm einmal an, der Mensch, sogar
das Kind habe ein angeborenes Gefühl für gut und
böse, ergo auch ein angeborenes und gut funktio-
nierendes Gewissen, das wie eine Alarmglocke los-
schrillt, wenn sein Besitzer sich auf den Sünden-
pfad begibt.

155

Dieser Zustand scheint mir lange her zu sein. Früher, als das Christliche sich noch nicht in den Namen einer Partei zurückgezogen hatte oder als die Handlungen der Politiker noch nicht bewiesen hatten, daß christlich nur ein Wort ist, waren sich die Leute einig über gut und böse und darüber, daß man etwas beschädigte, wenn man etwas Böses tat. Man nahm Schaden an seiner Seele. Man betrübte die Eltern. Man verletzte den, der all unsere Schuld auf sich genommen hatte. Das Gewissen wurde geweckt, wurde empfindlich gehalten, so empfindlich, daß die kleinen Mädchen schon ein schlechtes Gewissen bekamen, wenn sie eine Rosine genascht hatten.

Wieder eine Unverhältnismäßigkeit und deshalb setzt man heutzutage mehr auf andere Mittel der Erziehung. Denn das bleibt ja hinter all dem Wandel gleich: Der Erwachsene will, daß das Kind so wird, wie er es gerne hätte, wie es am besten in seinen, den Erwachsenenlebensrahmen paßt. Will, daß es sich anpaßt. Denn auch Eltern, die auf das Gewissen pfeifen, wollen ja, daß ihre Kinder – ohne Gewissensqual – sich den Ideen der Partnerschaft, der Logik, der Aufklärung und Emanzipation öffnen, also: anpassen.

Die Eltern und die Kinder kommen, wie wir wissen, gar nicht um Regeln herum. Ob das nun die zehn Gebote sind oder selbstentworfene: Wenn ein Kind sich nicht nach diesen Regeln richtet, kriegt es

Ärger. Dabei spielt es für die spontane Reaktion der Eltern meist keine Rolle, ob das Kind den Bettbezug mit Absicht oder aus Ahnungslosigkeit, also aus Versehen zerschnitten hat – für das Kind aber sehr wohl.

Es kann sich aber, weil es eben ein Kind ist, gar nicht verteidigen, denn es durchschaut diese Situation natürlich nicht. Vielleicht sagt es zwei oder drei Jahrzehnte später, wenn es selber Kinder hat, die eine Schere geschenkt bekommen und vielleicht die Tischdecke zerschnibbeln – selig darüber, wie herrlich glatt und gut die Schere funktioniert –, vielleicht sagt dann die Mutter zur Großmutter: »Also damals hast du mich ja wohl für schön verstockt gehalten!«, und die Großmutter erwidert: »Ach, und ich! Schon als ich den Bezug abzog, bin ich mir albern vorgekommen! Aber du mußtest ja lernen, daß man so was nicht tut! Das war in dem Augenblick das elfte Gebot: Du sollst keine Bettbezüge zerschneiden, weil ich sie von meinem sauer verdienten Geld, brav und ehrlich versteuert, gekauft habe und weil ich keine Lust hatte, dafür zu arbeiten, daß du mir sozusagen die Banknoten zerschnipselst. Da arbeite ich doch lieber eine halbe Stunde weniger und gehe mit dir in den Zoo!«

Vielleicht lacht die Tochter jetzt und sagt: »Warum hast du mir denn das nicht damals gesagt? Meinst du etwa, ich hätte das nicht verstanden?«

Und wer weiß, vielleicht hat die Enkelin, die mit

der neuesten Schere, der Großmutter zugehört und schaut nun die Mutter an und die Schnitte in der Decke und fragt ganz nachdenklich: »Können wir das nicht wieder flicken?«

21. KAPITEL

Die Zeit

Großeltern sind alt und vergessen viel. Enkelkinder sind klein und können noch nicht viel behalten.

Großeltern sind gebrechlich und müssen vieles langsam machen. Kindern ist noch vieles ungewohnt, und sie müssen es langsam und bedächtig verrichten.

Großeltern erleben jeden Tag, wie ihre Kräfte schwinden. Enkel erleben jede Stunde, daß ihre Kräfte noch nicht ausreichen.

Großeltern sagen, daß sie sich viel jünger fühlen, als sie sind, nein, nein, meine sechzig – oder siebzig – Jahre spür ich wahrhaftig noch nicht!, aber sie wissen, daß es anders ist. Enkel sagen, das kann ich schon, doch doch, dazu bin ich wirklich groß genug! Und wissen auch, daß ihr Mund mehr verspricht, als sie halten können!

Großväter beginnen, beim Gehen zu schlurfen. Enkeln wird gesagt: Heb ordentlich die Füße auf!

Großmütter tasten nach jedem Geländer, aus Angst

vor einem Sturz und dem Bruch des Oberschenkelhalses. Enkel strecken die Hand aus nach der der Erwachsenen, um beim Laufenlernen nicht auf die Nase zu fallen.

Wie nah sie sich sind. Wie sehr der eine vom anderen lernen kann, wortlos, sogar ahnungslos, daß so etwas wie Lernen im Spiel ist. Das Kind sieht an den Angehörigen der vorvorigen Generation, wie es sich außerhalb der alles beherrschenden Mittelgruppe lebt. Wer zu denen gehört, zu den Eltern und ihresgleichen, hält sich selbstverständlich für ein Vorbild. Auch da gibt's nicht viel zu reden, aber da wird eben auch nicht lange gefakkelt: Das und das muß ein Mensch einfach können, und immer geschwind und zuverlässig, ohne Fehler! »So zieht man das Söckchen an, nun mach schon, trödel nicht so herum, wir sind schon lange fertig. Wir warten nur auf dich. So hält man die Tasse, du bist doch ein großes Kind, und jeder hat gelernt, aus einer Tasse zu trinken. Als ich so groß war wie du, da hab ich schon . . .« und so weiter und so weiter, und wer das Märchen der Brüder Grimm kennt, dem fällt immer wieder die Geschichte von dem kleckernden Großvater ein, den seine Kinder vom Eßtisch auf die Ofenbank verbannten, »und sie gaben ihm sein Essen in ein irdenes Schüsselchen und noch dazu nicht einmal satt; da sah er betrübt nach dem Tisch, und die Augen wurden ihm naß. Einmal auch konnten seine zitterigen

Hände das Schüsselchen nicht festhalten, es fiel zur Erde und zerbrach. Die junge Frau schalt, er sagte aber nichts und seufzte nur. Da kaufte sie ihm ein hölzernes Schüsselchen für ein paar Heller, daraus mußte er nun essen. Wie sie da so sitzen, da trägt der kleine Enkel von vier Jahren auf der Erde vier Brettlein zusammen. ›Was machst du da?‹ fragte der Vater. ›Ich mache ein Tröglein‹, antwortete das Kind, ›daraus sollen Vater und Mutter essen, wenn ich groß bin.‹ Da sahen sich Mann und Frau eine Weile an, fingen endlich an zu weinen, holten also sofort den alten Großvater an den Tisch und ließen ihn von nun an immer mitessen, sagten auch nichts, wenn er ein wenig verschüttete.«

Ja, das Kind begreift und sieht und läßt es in die Seele sinken. Wie gut, wenn ein Kind Eltern wie in diesem Märchen hat, die imstande sind, einen Fehler einzusehen, die sich schämen können und zu Geduld und Rücksicht umkehren. Wie gut auch, wenn es überhaupt Großeltern hat, eine Generation jenseits der Eltern, und wenn diese Alten ihre Rolle richtig spielen und ihm die Hilfe nicht verweigern. Wie gut, wenn es nach der Hand eines Erwachsenen greifen kann, der nicht schnell, schnell mit ihm gehen kann, sondern so bedächtig, wie es ihm selber gefällt und notwendig ist. So langsam, daß es alles anschauen und tun kann, was man auf einem Weg außer Haus anschauen und erledigen muß. Die Erfolge, die Termine, die Hast sind für die Alten vorbei, sie können sich lösen und wieder wie Menschen leben, nach ihrem eigenen Rhythmus, ihrem eigenen Gefallen, ihren eigenen Kräften. Aber sie wissen, was auf den wartet, der noch am Anfang des Lebens steht, und wer beides überblickt, den Triumph der Lebenskraft und ihr Vergehen, der ist sicher manchmal ein besserer Ratgeber als jemand, der noch an den Erfolg und an die Tüchtigkeit und die Leistung glaubt, vor allem an die Zeit, an die Schnelligkeit.

Für ein Kind aber ist Zeit nichts als ein Wort. Es muß erst lernen, im Lauf von Monaten und manchmal Jahren, was Zeit bedeutet. Heute vormittag, das ist für ein Kind die sinnloseste Abstraktion von allen Redensarten, denen es tagtäglich ausgesetzt wird. Ihm ist wichtig, daß es etwas zu essen gibt. Daß es in den Arm genommen wird. Vielleicht noch, daß es von dieser widerlich feuchten Packung um den Po befreit wird. Wann das geschieht, ist ihm schnuppe. Hauptsache, daß es keinen Hunger leidet und ihm das Herz nicht vor Sehnsucht nach dem warmen Nest in eines Menschen Armen bricht.

»Dann mußt du schlafen, dann die Zähne putzen.« Dann dann dann. Natürlich, ein Kind muß auch seinen Tageslauf lernen, seine Ordnung in der Zeit zwischen Nacht und Nacht. Auf dieser Ordnung beruht später das Erwachsenenleben, die Schule, der Beruf. Aber noch wacht das Kind von seinem

Mittagsschläfchen auf und fragt: »Oma gehen?«
Obgleich es längst bei der Großmutter ist. Es wacht
morgens auf und fragt: »Nat nat?« Obgleich der
Vater immer abends nach der Arbeit mit dem Kind
die Enten füttern geht.

Der Tag des Kindes ist von dem markiert, was es
gerne tut: »Ada ada gehen«, spazierengehen. »Zu
Tante Wiwi!«, zur Tante, die einen Schaukelstuhl
zum hin- und herwiegen, wiwi, besitzt. »Nane
mm!«, Banane essen und so weiter. So wichtig es
sein mag, daß sich Enten, Schaukelstühle und Banane samt dem Kind brav in den Tageslauf einzu-
ordnen lernen, in dieses imaginäre System, durch
das wir uns vor dem Nichts schützen, vor der Halt-
losigkeit im Raum, so herrlich ist es, sich von dieser
schwersten aller Übungen bei jemandem auszuru-
hen, der ihren Wert nicht mehr ganz so hoch ansetzt wie die Eltern. Und der unterdessen begriffen
hat, daß es auch andere Möglichkeiten gibt, sich
vor dem Nichts zu retten und einen Halt zu verschaffen.

Großeltern verfügen wieder über ihre Zeit, können
schlafen, so lange es ihnen paßt, im Morgenrock
und ganz gemütlich frühstücken, können die Rei-
henfolge des Gewohnten auf den Kopf stellen und
müssen vor allem nicht drängen, nicht hetzen, nicht
eilen. Gewiß, manche Großeltern haben mehr
Freiheit, andere weniger, einige sind schon pensioniert, andere müssen noch arbeiten. Aber selbst

wenn das der Fall sein sollte, so ist der Druck der frühen Jahre vorbei. Die eigenen Kinder sind längst aus dem Hause, der Haushalt ist nicht mehr so aufwendig und beschwerlich wie früher, läuft nach Routine, ist im Laufe der Jahre auch rationalisiert, durch eigene Erfahrung und die Hilfe von elektrischen Geräten. Man hat, auch mit Beruf, im letzten Jahrzehnt der Berufstätigkeit mehr Muße, und man lernt auch, das Überflüssige zu lassen. Sollen die Leute doch denken, was sie wollen! Was gehen sie mich an? Wer ist mir wichtiger, mein Enkelkind oder diese Person jenseits der Gartenzäune, die ein mißbilligendes Gesicht zieht? Erstens zieht sie es immer, und zweitens muß kein Mensch wie der andere leben. Und wer weiß, wie lange ich noch zu leben habe? Deshalb will ich mich nicht mehr um den Schein kümmern, sondern um das Sein. Fensterputzen und Bettenklopfen ist schön und gut, aber wenn das Enkelkind kommt, beginnt ein anderer Zeitplan. Fensterscheiben können warten.

Die Zeit selbst beginnt sich dann zu ändern. Sie läßt sich nicht mehr von der Uhr beherrschen. Sie folgt meinem und des Kindes Atem. Sie hält an, wenn das Kind glücklich ist, sie schleicht mit ihm durch die Wiese, schwebt wie ein Falter durch die Luft, leicht und langsam, sie schaut dem Kind zu, gehört ihm ganz und gar, so wie sie mir gehört, wenn ich im Korbstuhl im warmen Schatten sitze und vor mich hindöse oder auch dem Kind zuschaue, ganz versinke in die Anmut der Bewegungen, in den Widerschein der Gefühle und Empfindungen, die ihm übers Gesicht huschen.

Die Zeit steht vollends still, wenn das Kind neben mir sitzt, sich ankuschelt und gefüttert werden will, mit Geschichten, Grießbrei und Gefühlen. Macht das müde? Im Schlaf dann, in unserem Schlaf, rafft die Zeit ihr Gewand und holt alles nach, eilt mit ihrem Sauseschritt, und alles ist wieder im Lot.

22. Kapitel

Der Blick in die schwarze Tiefe

Ein Kind wird geschlagen. Ein kleines Kind. Noch nicht imstande, die Sprache so zu benutzen, wie es die Erwachsenen tun.

Ein Kind wird geschlagen, vielleicht nur leicht, nur ein Klaps, aber es ist das erste Mal, es ist auch das erste Mal für die Mutter, daß sie dem ewigen Reiz nicht widerstehen konnte, daß sie zuschlug.

Sie hat ihr Kind geschlagen, das erste Mal, und jede wird einen guten Grund nennen, schon damit sie unversehrt bleibt und mit dem Kind weiterleben kann, aber – mein Großvater, preußischer Garde-offizier, von seinem sechsten oder siebenten Lebensjahr an in einer Kadettenschule erzogen, liebte die Pünktlichkeit, und als ich, sechs oder sieben Jahre alt, an einem Abend zu spät vom Spielen im Nachbarhaus heimlief, bekam ich – schnick – eins mit der Reitpeitsche über die blanken Waden gezogen. Ich habe nur die Erinnerung an den Schreck. Er, mein sehr geliebter und geachteter Großvater, hat mir später erzählt, was ihm in Erinnerung blieb:

die roten dünnen Striemen auf den nackten Kinderwaden. Vielleicht wurde ihm klar, daß es einen Unterschied zwischen Kinder- und Kadettenerziehung gab, zwischen ungeschützter Haut und Beinen in Reithosen oder Stiefeln. Auf jeden Fall war es der erste und der letzte Schlag, und ich bin gewiß nicht deshalb oder gar trotzdem ein relativ pünktlicher Mensch geworden.

Als ich meinen Sohn zum ersten Mal schlug, umklammerte er meine Waden, schaute zu mir empor und rief: »Mami, ich hab dich lieb!« Ich erschrak zutiefst und sah mich so, wie er, wie alle Kinder die Erwachsenen sehen: Riesen, mächtige Gestalten, die ohne Sinn und Verstand durch das Kinderleben gehen, nach Gesetzen, die Kindern unbegreiflich sind, noch unbegreiflich, und die dennoch befolgt werden müssen. Unerforschliche Wesen also, deren Gunst man sich so leicht verscherzen kann, und wie entsetzlich, wenn ich mein Kind durch Unbedacht dazu bringe, sich mir wie einem Götzen zu unterwerfen und mich ängstlich anzuflehen. Auch dies blieb der einzige Schlag, und ich habe auch nie etwas von der Theorie der ordentlichen Tracht Prügel zur rechten Zeit gehalten, »die noch keinem Kind geschadet hat«. Ich glaube, die Schläge schaden uns, den Erwachsenen, denn wir geben damit etwas auf, wir verlieren etwas. Es ist nicht nur, daß eine Mutter oder ein Vater eine gefürchtete Schreckgestalt für das Kind werden kann, es ist vielmehr die Gefahr, daß dieser erste Schlag ein Anfang ist. Wie leicht ist es eben, ein Kind zu ducken und zum Schweigen zu bringen. Nur ein Schlag, und wie flüchtig muß er anfangs nur sein, weil das Kind ja so klein und zart und der Erwachsene so groß und kräftig ist. Gewalt wird geboren, mit einem einzigen leichten Schlag, und wie die Gewalt wächst, wie sie den Gewalttätigen verschlingt und verändert, wissen wir alle. Wir haben es erlebt, im eigenen Lande. Wir sehen es täglich im Fernsehen. Wie schwer, nach einer Gewalttat zur Vernunft, zum Lachen, zur Liebe zurückzukehren. Wie verändert ist diese Liebe, wie erfüllt von Furcht und Angst. Wie schwer, nach einer Gewalttat von Vertrauen zu sprechen, nach diesem Verrat, nach diesem Bruch des Vertrauens.

Das ist alles so klar, steht so deutlich auf dem Gesicht des geschlagenen Kindes zu lesen. Aber immer wieder erlebe ich, wie die freundlichsten und gütigsten Menschen, wenn das Gespräch auf dieses Thema kommt, mir einen eher mitleidigen Blick zuwerfen und alle historischen Gestalten aufzählen, die trotz notorischer Prügel in Elternhaus oder Schule tüchtige und unversehrte Menschen geworden sind. Bleibe ich dickköpfig und, ihrer Meinung nach, sentimental, so holen sie die deutsche Sprache zu Hilfe, die so zahlreiche Redensarten zur Rechtfertigung dieser kleinen Gewalt zu bieten hat: Es rutscht die Hand aus. Es reißt der

Geduldsfaden. Jemandem geben, was er verdient hat. Ihm etwas eine Lehre sein lassen.

Was soll ich darauf antworten? Ich habe nur den Blick meines Kindes, der mir eine Lehre war.

»Aber Strafe muß sein!« lautet das Hauptargument. »Wie soll ein Kind sonst lernen, was sich gehört?«

Das lernt es, indem es unsere Handlungen beobachtet und zu seinen Erinnerungen werden läßt. Bei den Ohrfeigen, dem Hinternvoll, geht es aber gar nicht um Ethik. Es geht um den täglichen Kleinkrieg zwischen Mutter und Kind. Um das Kind, das so leben will, wie es ihm in den Kopf kommt, in den Gliedern juckt. Um das Kind, das noch nicht ausdrücken kann, was es eigentlich will, auch nicht, welche Triebe es quälen und peinigen. Um das Kind, das jede wache Minute seiner langen Lebenstage mehr lernt, als wir Fertigen und schon Verhärteten uns wieder vorstellen können, und das selbst in seinen Träumen von Bildern gejagt wird, für die es noch keine Worte findet.

Ja, es geht auch um Macht, aber nicht um die Vormacht eines Willens, sondern um die Macht des Lebens, das in sein Reich, seine Freiheit einziehen will, um aus diesem Kind das werden zu lassen, wozu es entworfen wurde, vor Millionen von Jahren.

Schöne Worte? Ach, so setzt euch doch wieder einen Augenblick ins Kinderzimmer und schaut zu.

Gestern war ich bei der Schulfreundin eines meiner Kinder, die unterdessen selber Kinder hat, drei und ein Jahr alt. Der Große hampelte quengelig herum, weil es ein Regentag war. Weil er schon müde war. Weil die Großen um den Teetisch saßen und sich keiner um ihn kümmerte. Weil er drei Jahre alt ist. Weil er in eine Kiste kriechen wollte, mit dem ganzen Leib, in die nur seine beiden Beine bis zu den Knien paßten. Er schrie vor Wut, aber der Kiste war das egal, und weil sie aus Plastik war, konnte er sie aufheben, und so packte er sie mit beiden Händen und versuchte es mit seinem anderen Ende: stülpte sie sich mit aller Kraft über den Kopf und fiel dabei um, weil er nichts sah und weil ihm wohl der Schädel brummte. Er schrie wieder, daß die Wände wackelten. War das ein Wunder? Was macht ein Erwachsener in einem solchen Fall, wenn sich die ganze Welt gegen ihn verschwört?

Dem kleinen Jungen fiel das Beste ein. Er ließ die Kiste Kiste sein, nahm mich an der Hand, versuchsweise, spielerisch, und dann sagte seine Mutter: »Zeig doch mal deinen Hammer und das Holz.« Schon saßen wir in einer Butze, dämmerig und kühl, der Fußboden halb aus einem Rost bestehend, durch den man in die Tiefe eines Hausschachtes schauen konnte, drei oder vier Stockwerke tief. Ganz unten brannte ein kümmerliches Licht, wohl in einer Speisekammer oder einem Badezimmer, das auf diesen Luftschacht blickte, und wir kauerten vor dem Rost und starrten schweigend und regungslos in die Tiefe. Dann zog der Junge seinen Hammer aus einer Ritze im Rost, und wir schlugen abwechselnd auf einen Nagel, der schon halb in einem dicken Holzbrett steckte. Ich zuerst mit der quadratischen Schlagseite des Hammers, aber das war nicht im Sinne des Jungen. Er schüttelte den Kopf und drehte mir den Hammer um, so daß ich mit der Spitze schlagen mußte. Ich gehorchte, gehorchte den unbegreiflichen Gesetzen eines fremden Menschenwesens, und als wir den Nagel krumm hatten, wurde der Hammer wieder in seine Ritze gesteckt, und wir schauten abermals in die schwarze Tiefe, sehr lange und in friedlichem Schweigen.

23. Kapitel

Die Bücher und das Vorlesen

Wie sieht das Bild einer guten Großmutter aus? Sie sitzt am grünen Kachelofen und liest ihren aufmerksam lauschenden Enkeln vor. Das Licht der Lampe muß dabei sanft und von vorn das liebe faltige Gesicht mit den schütteren grauen, lieber noch schlohweißen Haaren beleuchten, und die Stahlbrille müßte Großmütterchen ein kleines bißchen auf die Nasenspitze gerutscht sein. So haben Ludwig Richter und Hans Thoma sie gemalt und gezeichnet, so sieht man sie auf Reklamebildern für Kachelöfen und bald wahrscheinlich im Museum. Ob es solche Großmütter in Wirklichkeit noch gibt und ob man sie überhaupt noch haben will, wird immer wieder beredet, aber so haben, allerdings ohne Kachelofen, meine Kinder ihre Urgroßmutter erlebt, und das ist eine ihrer frühesten und schönsten Erinnerungen. Denn diese »Ur-O« war für sie ein Weltwunder. Sie sprach vieles anders aus, als es die Kinder gewohnt waren, sagte Robóter und immer vollständig Automobil und

Omnibus und war ohne Umstände dazu zu bringen, ihnen ein Mickymaus-Heft zu kaufen und daraus vorzulesen. Die Sprechblasen beachtete sie gar nicht, weil sie die Schrift wahrscheinlich gar nicht entziffern konnte, sondern sie erzählte zu diesen wirren Bildern eine noch wirrere Geschichte von einem gewissen Mausekarlchen, das bei ihr zu Hause im Vogelhäuschen wohnte und immer auskniff und Abenteuer erlebte: »Und so frech war! Ich kann euch das gar nicht beschreiben! So frech wie...« Und dann fielen die Kinder beseligt ein und nannten den Namen des Bruders oder den eigenen, und dann lachten sich die drei halbtot, und die Kinder erzählten der »Ur-O« all ihre eigenen schlimmen Kindergartenstreiche, und die »Ur-O« erzählte, wie sie als kleines Mädchen das Fleisch von einem Lämmerschwänzchen hätte essen sollen und was sie dagegen gemacht hat: Schwups, vom Tellerrand auf die Serviette und von der Serviette in die Schürzentasche. Schürze? Du hast eine Schürze angehabt? Was ist das? (Der Kleinere) Warum? (Der Große), und schon war das Heft vergessen, war ja eh vergessen und nur der Beginn oder der Vorwand für Geschichten, »wie es war, als du ein kleines Mädchen warst«, und für Gespräche über das Leben der Erwachsenen samt ihren merkwürdigen Sitten und Gebräuchen.

Wenn ich Erwachsenen jeglicher Art etwas über Bilderbücher und Kinderliteratur sagen muß, habe

173

ich dieses Bild immer wieder vor Augen. Oder ich sehe die Großmutter zwischen den Kindern, die mit einer ganz unvoreingenommenen Neugier nach Kinderbüchern griff und sich wie ihre Enkel von den Geschichten bezaubern oder erschüttern ließ, ihnen sicher dreimal die »Sternkinder« vorgelesen hat und jedes Buch, das sie den Enkeln mitbrachte, erst selber bis zur letzten Seite gelesen hatte. Das ist das ganze Geheimnis, und es ist ein magischer Kreis: Kinder lieben Bücher, und sie lieben es, vorgelesen zu bekommen. Man muß nur die richtigen Bücher für sie heraussuchen. Wie findet man diese speziell und manchmal nur für sie richtigen Bücher? Indem man die Kinder beobachtet und ihre Vorlieben und Wünsche erkennt. Und wie erkennt man die geheime Welt der Gedanken und Träume eines Kindes? Indem man ihm vorliest und auf seine Reaktionen achtet und sich wie meine Großmutter in jedes Gespräch ziehen läßt, das sich durch diese Lektüre ergibt.

Ja, es ist schön, wenn man Kindern auf diese Weise auch die sogenannte gute Kinderliteratur vermittelt. Aber zu Beginn ist die persönliche Beziehung wichtiger als alles andere. Der Anfang von »Rotkäppchen«, »Es war einmal ein kleines Mädchen, genau wie du...«, ist der wahre Schlüssel zum Schatz der Literatur. Mir mußte einmal ein Großonkel vorlesen, weil alle Frauen der Familie mit Geleekochen beschäftigt waren, und da er in Paris

lebte, war sein Deutsch mehr als rostig, und er holte
sich ein französisches Mädchenbuch aus dem vorigen Jahrhundert aus dem Bücherschrank und begann eine wahre Wörterschlacht: »La Sophie
saß... Wie sagt man doch? Der Canapé? Das Canapé?« und so weiter. Ich kannte die Geschichte
noch nicht, und sie gewann den Reiz des Geheimnisvollen, den sie nie im Leben wirklich besessen
hatte. Außerdem gab sie mir zum ersten Mal die
Gelegenheit, einen Erwachsenen zu korrigieren,
bei jedem Satz.

Der Einwand gegen das Vorlesen lautet oft: »Ja,
wer hat denn heute Zeit, Kindern vorzulesen?«
Meine Gegenfrage: »Wieviel Zeit verbringen Eltern und Großeltern täglich vorm Fernsehapparat?
Wenn man jeden Tag mit Vorlesen ausklingen läßt
und dafür nur eine halbe Stunde vom täglichen
Fernsehkonsum abzweigt – wäre das wirklich ein
Opfer? Ist das nicht möglich? Ich lebe in einer
Familie, in der auch die Großmütter berufstätig
waren, aber das Vorlesen hatte sich so eingebürgert,
daß kein Tag ohne verging. Wenn ich nicht zu
Hause war, las die Großmutter vor (»Sie kann nicht
so schön betonen, aber sie liest viel länger als du!«),
und wenn ihr die Stimme versagte, aber das Kapitel
einfach noch beendet werden mußte, so löste der
Vater sie ab, sowie er aus dem Büro nach Hause
gekommen war. »Vati, lies weiter!« ist ein geflügel-
tes Wort in der Familie geworden. Wir Erwachse-

nen genossen das Lesen ebenso wie die Kinder, die am liebsten rechts und links neben dem Lesenden fest angekuschelt saßen und auch später, als sie fast erwachsen waren und längst selber lasen, das Vorlesen nicht missen mochten. Unterdessen waren es keine Kinderbücher mehr, auch keine Jugendliteratur. Eins der Kinder hatte selbst das Tor aufgestoßen und eines Tages, ich glaube mit zwölf Jahren, Lessing entdeckt, die Parabel vom Ring, und dann Paul Gerhardts »Geh aus, mein Herz, und suche Freud...« Klassik und Lyrik, und die Großmutter nahm die Anregung auf und las ihnen etwas von Fallada vor, ich etwas später »Das edle Blut« von Wildenbruch, und dann hatte sie eins der Bücher mitgebracht, die sie als junges Mädchen geschenkt bekommen hatte. Ich glaube, das war wieder ein großer Lacherfolg. Was wächst und blüht bei diesem Leben mit Büchern! Wie durchdringen sich die Generationen. Wie gehen Nehmen und Geben ineinander über, wie leicht entsteht Verständnis füreinander, wie deutlich werden der Wandel von Moden, der Wandel moralischer Begriffe. Wie vorstellbar wird Vergangenheit, wenn jemand vorliest, der selber noch in diese Vergangenheit gehörte und alle Einzelheiten vertiefen und mit Farbe und Leidenschaft erfüllen kann. Wie stark wird das Gefühl für Sprache, für die wahre Bedeutung der Wörter, für ihre Schönheit, ihren glatten, verführerischen Reiz, wie für ihre andere Melodie, die ans Herz des

Herzens rührt. Die Geheimnisse zwischen den Wörtern, die Möglichkeit, durch so und so gebaute Sätze Spannung entstehen zu lassen – und dazu eine Großmutter, die immer ein Buch bei sich hat und es im Wartezimmer des Zahnarztes aus der Tasche zieht und vorliest oder hinten im Auto bei längeren Fahrten oder auf dem Spielplatz und bei Spaziergängen, wenn die Kinder anfangen, müde und quengelig und streitlustig zu werden. Eine Bank findet man überall, und später, bei größeren Wanderungen, setzten wir uns auf den Wiesenhang oder auf einen Schneehügel. Und vor allem: Eine Großmutter, die von den technischen Tücken der modernen Welt so wenig weiß wie ihre Enkel, vielleicht sogar noch weniger versteht, und die an Robbi und Tobbi lernt, wie ein Computer funktioniert, dafür aber den Kindern erklärt, wie man Himbeersaft selber macht, der in dieser Geschichte das Benzin ersetzt. Himbeersaft 1. und 2. Ordnung. »Ihr wißt nicht, was das ist? Ja, aus was kocht ihr denn Rote Grütze?« Und schon sind sie in der Küche, und das Buch hat die drei nicht nur ins Glück geführt, sondern mitten ins Leben hinein.

24. Kapitel

Der blaue Teller und die Vergänglichkeit

Mein Großvater aß jeden Morgen einen Teller Grütze, längst bevor der Tag für die Familie begann. Wer hat sie ihm gekocht? Ich kann mich nur daran erinnern, daß ich ihn ohnehin mit den Zwergen im Bunde glaubte und mich über keine seiner Taten wunderte. Die Buchweizengrütze wurde mit Wasser gekocht, und der Großvater verteilte den festen Brei mit dem Löffel, daß es klack klack klack auf dem Teller machte, und dann goß er Milch in die Klüfte und Täler und setzte ein Stückchen Butter auf die Buchweizengipfel, das langsam und golden in die Milchtäler schmolz. Wie es im Kinderreim heißt: »Wenn alle Berge Butter wär'n und alle Täler Grütze, dann käm der liebe Sonnenschein, und die Berge flössen in die Täler 'nein.«

So war das jeden Morgen, und manchmal schlüpfte ich an den Frühstückstisch, noch im Nachthemd, und er reichte mir einen großen Löffel voll Grütze.

Ich pustete und aß und pustete und betrachtete den großen dunkelblauen Suppenteller, der immer schöner wurde, je mehr Grütze der Großvater aus ihm aß. Das Blau war der Grund, auf dem Bäume und Blätter ein dichtes Rankenmuster bildeten, und aus diesem weiß und blauen Urwald lugten Vögel hervor mit schönem Gefieder und die kleinen Augen von Affen mit Ringelschwänzen. Ich weiß nicht, ob ich, vielleicht drei Jahre alt, die Affen und Vögel mehr liebte als den Großvater und die Buchweizengrütze. Es war wohl eins, und bei diesem Frühstück wurde nichts gesprochen, nur gegessen und geschaut im tiefsten Gefühl von Einvernehmen und Zufriedenheit.

Es gab drei oder vier von diesen blauen Tellern, sie reichten für meine Großeltern und mich, wenn es Erbsen- oder Kartoffelsuppe gab, und einmal bekam ich einen solchen blauen Teller in die Hand gedrückt oder auf den Schoß gestellt. Ich kann mich genau daran erinnern, daß ich auf etwas Hohem saß, so als ob ich mich heute auf eine Kommode setzte, mindestens. Und dann war der Teller plötzlich fort. Es klirrte, ich schaute hinab, und da lagen die Scherben. Ich sehe sie noch heute, dunkelblau mit lauter kleinen Vogelköpfen und Affenaugen, und ich weiß ebenso genau, daß mir damals klarwurde, was vorbei und vergangen bedeutet, was unwiederbringlich heißt. Eben noch das blaue Paradies, nun nichts als Scherben.

Später erfuhr ich, daß mein Großvater schon als Junge von diesen blauen Tellern gegessen hatte, als sie noch seinen Großeltern gehörten, und daß sein Großvater mit ihm nach der Morgengrütze auf die Felder geritten war, um die Arbeit der Leute einzuteilen und mit ihnen zu beginnen. Das Frühstück mit Kaffee und Brötchen war die zweite Mahlzeit des Tages.

Die letzten blauen Teller waren auf meinen Großvater gekommen, und die Grütze hat er niemals aufgegeben, auch wenn es keine Felder mehr gab, über die er hätte reiten müssen. Heute gibt es auch keine von diesen blauen Tellern mehr, aber alle Scherben des Krieges haben nur das bestätigt, was ich durch den einen Grützeteller erfahren habe: die Endlichkeit der Dinge und die Unendlichkeit ihrer Geschichten.

Mein Großvater wäre wahrscheinlich verwundert, wenn er wüßte, wozu sein blauer Teller gut gewesen ist. Es wäre ihm nicht im Traum eingefallen, daß er für mich eine andere Bedeutung gehabt hat als jeder andere Teller im Schrank. Aber er und die Großmutter haben damals auch nicht geschimpft. Man ging sorgsam mit Sachen um, schonte und klebte und stopfte und flickte. Darum war ihnen selbstverständlich, daß der Teller nicht mit Absicht zerschmettert wurde, sondern daß er das Schicksal aller Erdendinge erlitt. Drei, fast vier Generationen hatte er einer Familie gedient, nun war er zerbrochen. Das ist der Lauf der Welt, der auch für einen Teller gilt. Aber weil er zerbrochen war, erzählte mein Großvater von sich, von einem ganz anderen Kinderleben, von den einsamen Kadetten, die als halbe Kinder in die Kadettenanstalt gesteckt wurden. Da wurde »nicht lange gefackelt«, da wurden einem »die Hammelbeine lang gezogen«, und in Mathematik wurden Flugbahnen von Geschossen berechnet, und wehe, wer nicht mitkam! Mein kleiner Großvater kam nicht mit, und die ganze Klasse kriegte Scharlach und lag vergnügt in der Isolierbaracke, nur er war allein dem Feldwebel ausgeliefert, und er bat heimlich die Kameraden, ihm in den Mund zu spucken, aber es nutzte nichts, er kriegte keinen Scharlach und mußte weiter die Parabeln der Kanonenkugeln berechnen. Da war er, glaube ich, zehn, und diese Geschichten hätte ich ohne die Scherben des blauen Tellers nie erfahren, und das war der Gewinn, der mich über den Verlust der Affen und Vögel tröstete. Wer weiß, vielleicht hat mich die Erinnerung an die blauen Scherben behutsam gemacht. Auf jeden Fall jammere ich keinen Scherben nach. Vorbei ist vorbei, »und alle Männer und Rosse des Königs konnten ihn nicht wieder zusammenflicken«, heißt es im englischen Kinderreim von Humpty-Dumpty, dem dicken Ei, »das auf einer Mauer saß« – so hoch wie mein Sitz! – und »tief gefallen ist« – wie der arme liebe blaue Teller.

Trotzdem sucht man das Unwiederbringliche sein Leben lang, gegen jede Vernunft. Ich bleibe immer stehen, wenn ich in einem Schaufenster gewisse englische blau-weiße Steingutteller sehe. Aber nein, sie sind es nicht. Trauer? Ach nein, das Gefühl ist ein Teller nicht wert. Er steht aber für einen Teil des Lebens, für die Erinnerung an Tage, an denen ein Kind glücklich war, und das hing mit den Großeltern zusammen. An sie, bei denen Sachen eine Geschichte bekamen, denke ich oft, aber nicht mit Wehmut, sondern in Dankbarkeit – vor allem, weil sie Sachen angemessen behandelten: achtsam, weil das Ding Geld gekostet hatte, »das nicht aus dem Wasserhahn fließt, mein Kind!«, mit Genugtuung, wenn es sich als so nützlich erwies, wie sie es sich gedacht hatten, und mit Gefallen, wenn sie es schön fanden. Aber nie mit Bedauern, wenn es zerschliß oder verrostete oder zerbrach oder auf andere Art und Weise unbenutzbar wurde. Sachen sind Sachen, sie dienen den Menschen, und Menschen sind wichtiger. Das galt nicht nur für Teller, sondern auch für Autos, Häuser und vieles andere.

25. Kapitel

Die Spur von meinen Erdentagen

Der Vater eines kleinen Mädchens war bei einem Autounfall umgekommen. Der Schmerz der Mutter war groß, und sie litt vor allem darunter, daß ihre Kinder diesen Schmerz nicht zu teilen schienen. Sie hörten ihr zerstreut zu, wenn sie vom Tod des Vaters sprach und von der bevorstehenden Beerdigung und blieben stumm. Einmal kam sie unvermutet ins Wohnzimmer und sah, wie ihre Jüngste, vier Jahre alt, rücklings auf dem Fußboden lag, die Augen fest zugekniffen.

»Was ist?« rief die Mutter erschrocken.

»So«, fragte das Kind, »liegt Papa jetzt im Sarg, nicht?«

Ein Versuch, sich das Unvorstellbare vorzustellen. Ein Versuch mit den beschränkten Mitteln der eigenen kindlichen Erfahrung. Ein Versuch, der noch zu einem anderen Ergebnis führte: Die Mutter begriff, daß ihre Tochter noch keine Erwachsene war und sich unter Sterben und Todsein im wahrsten Sinne des Wortes nichts vorstellen konnte.

Es hätte zum Beispiel auch so verlaufen können, daß das Mädchen in ihrer scheinbar so lieblosen Haltung verharrt und dafür in Tränen ausgebrochen wäre, wenn ihr Kanarienvogel eines Morgens tot im Vogelkäfig gelegen hätte.

Untröstlich über den Tod eines Kanarienvogels und gleichgültig bei dem eines Menschen, ist das nicht schrecklich? Was hat die Mutter falsch gemacht, daß sie so ein Wechselbalg erzogen hat?

Ein anderes Kind betrachtete sich seine überaus geliebte Großmutter und sagte: »Jetzt weiß ich, warum du immer so schwarze Sachen trägst!«

»Warum denn, mein Herzchen?«

»Weil du bald in der schwarzen, schwarzen Erde liegen wirst«, erwiderte das Kind.

Die Großmutter bemerkte dazu, als sie mir davon erzählte: »Das Kind hat ja recht. Wie beneidenswert eigentlich, etwas noch so unumwunden und bildhaft ausdrücken zu können.«

Es mag Großmütter geben, die anders reagiert und die Antwort des Kindes als grausam oder gar frech bezeichnet hätten. Mir scheint jedoch, daß ein älterer oder alter Mensch unter genau dem gleichen Mangel leidet wie das Kind. Er ist schon wieder von mittelalten Menschen – die eigenen Kinder, Hausarzt, Freunden – umgeben, die drumherum reden und beschwichtigen, jeder direkten Frage ausweichen und von ihr abzulenken versuchen. Wenn jemand alt ist, lautet die Regel, so spricht man nicht vom Tod, denn das wäre taktlos. Und wenn jemand klein ist, spricht man ihm auch nicht vom Tod, denn das könnte das Kind erschrecken.

»Ich hasse dies Drumherumgerede«, sagte eine meiner alten Tanten, »ich weiß, daß ich über kurz oder lang sterben muß, ich bin darauf vorbereitet – warum weichen mir all diese Trottel aus, wissen sie nicht, daß es jetzt für mich nichts Wichtigeres gibt?«

Als ich meinen Söhnen Astrid Lindgrens »Brüder Löwenherz« vorlas, fragte ich sie, warum sie das Buch so liebten. »Weil es vom Tod handelt«, antwortete der Jüngste, der damals zehn gewesen sein muß, »davon wird uns ja sonst nichts gesagt.«

Das ist wahr. Ein Kind ist jung, sein Leben wird hoffentlich lang sein. Der Tod liegt noch in weiter Ferne, so lautet die allgemeine Meinung, und selbst ein Kind, das in Kirchen mitgenommen wird, sieht im Gekreuzigten und Auferstandenen nur Bilder, Abbilder von etwas, das für das Kind noch keinen Sinn hat. Aber dieser Sinn erwacht wie das Wetter, das uns unberechenbar überrascht. Ein Kind begriff, was Tod ist, als es die kleinen rosa Krabben auf dem Teller sah, so nackt wie lebendig. Die Tränen spritzten ihm aus den Augen, und es aß nie wieder einen Bissen Fleisch.

Ein anderes Kind, das den Tod des fernen Großvaters gelassen hinnahm, kam kreischend nach Hause gelaufen, weil ein Schulkamerad einen großen schwarzen Käfer mit seinem Federmesser säuberlich in zwei Hälften geschnitten hatte, und wachte noch Wochen später aus Mörder- und Todesträumen auf. Was macht man dann? Wie tröstet man? Da stehen Großeltern und Enkel wieder nebeneinander. Sie werden nur zu gern beschwichtigt. »Es ist nicht so schlimm. Reg dich nicht auf. Gibt doch viele, viele Käfer. Vergiß es, es ist nicht wichtig. Es geht dich nichts an.« Und ob es mich etwas angeht. Der Tod ist das, was auf uns alle wartet. Männer nennen ihn oft »die große Katastrophe«, Christen den Anfang des wahren Lebens – und darüber soll man nicht nachdenken und sprechen? Darauf soll man sich nicht vorbereiten, so wie es unsere Großmütter taten, die in der Wäschetruhe das Brauthemd aufbewahrten, sorgfältig in Seidenpapier eingeschlagen, und jedes Jahr vor Ostern wuschen, weil es ihr Toten- und Auferstehungshemd sein würde?

Wenn man beginnt, alt zu werden, fragt man sich oft: Wozu hast du gelebt? Wo ist »das wahre Leben«? Was ist geblieben? Oder: Ist etwas geblieben?

Wenn man Kindern zuhört, stellt man immer wieder fest, daß sie auf ihre Art und Weise genauso fragen. Ja, sie haben alles noch vor sich, aber sie wollen gerade deshalb wissen, wohin der Weg führt, ob es ein Ziel gibt, wozu der ganze Aufwand dient, der ihnen anerzogen und abverlangt wird.

»Warum muß ich mir jeden Morgen und jeden Abend die Zähne putzen? Warum muß ich mein Bett machen, wo ich doch gleich wieder hineingehe? Warum muß ich in den Kindergarten? Warum immer wieder brav essen und brav einschlafen?«

Das sind Fragen nach den Regeln des Alltags, nach dem, was die Großmütter vielleicht Lebensart oder Lebensstil nennen würden, und da es viele verschiedene Vorstellungen von möglichen Regeln gibt, sollte die Antwort nicht lauten: »Frag nicht so dumm!« Großeltern erkennen vielleicht eher, daß die Fragen eben gerade alles andere als dumm sind. Merkwürdigerweise regt sich in alten Menschen die gleiche Lust, sich endlich von unnötigen Konventionen zu lösen, denen sie jahre-, vielleicht jahrzehntelang gehorcht haben. Wie rasch geht das Leben vorbei, wie spät erst merkt man, daß es viel zu kurz ist, als daß man immer das tun sollte, was »die Leute« von einem erwarten. Und wenn eine alte Frau im 19. Jahrhundert, aus wohlhabender Familie und in angenehmsten Umständen lebend, dennoch in ihr Tagebuch schrieb: »Ich habe eigentlich nie tun können, was ich wollte ...«, so ist das schrecklich.

Sind Großeltern aber imstande, die Enkelkinder vor einer Vergeudung ihrer Lebenszeit zu bewahren? Ihnen zu sagen, was der wahre Sinn des Daseins und des Todes ist? Ich glaube, wenn man die

Augenblicke erkennt, in denen ein kleines Kind vor der Unbegreiflichkeit des Lebens stutzt, vor seinen Abgründen erschrickt, so ist es schon gut, wenn man nicht auf die übliche Erwachsenenart abwinkt, »Red nicht so altklug«, oder beschwichtigt.

Ein kleiner Junge sagte vor langer Zeit, zu Beginn unseres Jahrhunderts, zu seiner älteren Verwandten: »Tante Else, du siehst aus wie ein Ochse!«

Die gesamte Familie brach in Empörung aus, aber der Knabe setzte, tief verwundert über diese Begriffsstutzigkeit der Erwachsenen, hinzu: »Ich finde Ochsen so schön!« Und wirklich, wer am Gatter einer Weide steht und sich die ruhig wiederkäuenden Kühe betrachtet, bedächtig und nicht so aggressiv wie zum Beispiel Hunde, wer in ihre großen dunklen, seelenvollen Augen blickt, freundlich, sanft, von langen dichten Wimpern gesäumt, der sieht: der Knabe hatte recht. Er hatte eine Erscheinung unserer Welt genau beobachtet und war zu einem Urteil über Schönheit gekommen. Zudem war er sich seiner Sache so sicher, daß er imstande war, sie knapp und schlüssig zu verteidigen. Hätte er zu seiner Tante gesagt: »Ich finde dich schön!«, so wäre es vermutlich ein affiges, unkindliches Nachplappern einer erwachsenen Redensart gewesen. »Du siehst aus wie ein Ochse!« bedeutete dasselbe, entstammte aber der eigenen Erfahrung und Erkenntnis, war von tiefer Wahrhaftigkeit erfüllt.

Ich glaube, ein Mensch, der sich seine Unbefangenheit erhält, der in Bildern, in Sinnbildern zu sehen und das in Worte zu kleiden vermag, was die Erwachsenen gern »das Unaussprechliche« nennen, der ist zu beneiden und nicht zu verbessern.

Wer weiß, vielleicht hat sich eine Großmutter, gerade verwitwet, so über die leeren Floskeln in den Kondolenzbriefen zum Tode ihres Mannes geärgert und gekränkt, daß sie nur darauf wartet, mit einem Menschen offen über ihren Schmerz und ihre Gewißheit oder Ungewißheit eines Lebens nach dem Tode zu reden. Das Enkelkind sei zu klein dazu? Es verstünde doch nichts von Verlusten dieser Art und erst recht nichts von Metaphysik? Und man solle es nicht mit Dingen belasten, die viel zu schwer seien? Ach, wer behauptet das denn? Haben die Erwachsenen mit ihrem Behütezwang ganz und gar vergessen, wie ein Kind leiden kann? Nur über den Verlust einer Puppe oder eines Plüschhasen? Gewiß, zwischen Großvater und Hase besteht für die Erwachsenen ein Unterschied. Aber einem Drei- oder Fünfjährigen ist der Häsi der Sitz seiner Seele, Trost der Nacht, treue Gegenwart in allen Tränen und Nöten. Wie soll so ein Kind nicht verstehen, daß einem das Herz brechen kann, wenn man eine geliebte Person verliert? Gerade auf dem Umweg über ein Häsi ist es möglich, in Erwachsenenworten dagegen nicht.

Und: Im Augenblick meint es das Leben mit den Kindern in Deutschland gut, aber die Zeiten sind nicht allzu fern, in denen Kinder im KZ zu Tode gequält wurden, Kinder im Bombenhagel untergingen, Kinder miterlebten, wie die gerade geborenen Geschwister in Hungersnot oder Grippeepidemie verloschen. Und immer wieder bestätigt es sich, welche tiefe Angst die Kinder vor der Zukunft, vor einer atombedrohten Welt empfinden, auch vor Krebs, der immer mehr Kinder befällt. Darf man ihnen überhaupt das Gespräch über den Tod verweigern, darf man sich erleichtert darauf zurückziehen, daß sie ja doch nicht begreifen, worum es dabei geht? Nur weil man ihre Art der Reaktion mißversteht?

Wie viele Kinderbriefe hat Astrid Lindgren erhalten, weil sie vom Tode erzählte und von einem Leben nach dem Tode.

Meine Söhne erlebten, als sie sechs oder sieben Jahre alt waren, in den Sommerferien mit, wie ein Dackel ein junges Karnickel riß. Ein Schlenker mit dem Kopf, und das Karnickelleben war vorbei.

Die Kinder betrachteten das Ereignis sachlich. Sie wußten, was Jagd- und Stöberhunde sind, daß Mäuse Hafer fressen und Katzen Mäuse, daß Katzen wiederum von Dresch- und Mähmaschinen getötet werden oder von einem Auto auf der Landstraße. Sie kannten also die Kette dieses endlosen Stirb und Werde. Aber sie wollten das Geheimnis des kleinen Karnickelkörpers ergründen, wollten das Skelett sehen und vergruben das Tier im Buchenhain. Ein Jahr später stachen wir die genau markierte Stelle wieder auf, aber kein einziges bleiches weißes Knöchelchen leuchtete uns entgegen. Nichts war vom Karnickel übriggeblieben. Die Bewohner des Buchenbodens hatten es in schwarze duftende Erde verwandelt, ohne Rest, und die Kinder sprachen noch lange davon. Verschwunden, vergangen, ganz und gar. Vergänglichkeit. Nein, sie fragten nicht, ob das Karnickel eine Seele hatte. Aber auch so – was für ein Thema! Was hat es denn mit dem Leben von Mensch und Karnickel auf sich und mit dem Tod? Was mit den Geheimnissen und Schrecken des Daseins? Man muß gar nicht wissen: so oder so. Jeder Mensch, jede Zeit hat ihre Antworten auf diese immer wiederkehrenden Fragen gefunden. Vielleicht wächst eine der tiefen Bindungen zwischen Enkel und Großeltern, wenn sie sich gemeinsam aufrichtig und unbefangen vortasten in das grenzenlose Ungefähr.